CARTAS A LA CARTE

COLECCION CLASICOS CUBANOS

EDICIONES UNIVERSAL, Miami, Florida, 1991

ENRIQUE LABRADOR RUIZ

CARTAS A LA CARTE

Prólogo, selección y edición al cuidado
de Juana Rosa Pita

P.O. BOX 450353 (Shenandoah Station)
Miami, FL, 33245-0353. U.S.A.

© Copyright 1991 by Enrique Labrador Ruiz
Library of Congress Catalog Card No.: 90-84526
I.S.B.N.: 978-0-89729-581-9
Diseño de la portada: Angel Martí.
Preparación editorial: Soporte Editorial. Bogotá.
Impreso por: Editorial Presencia Ltda.
  Bogotá, Colombia

CONTENIDO

Labrador, arqueólogo del idioma	7
Carta liminar	15
Carta primera	18
Carta de presentación	21
Carta a los ojos que me escriben	22
A la Gloria	25
Carta a los agujeros negros	28
Carta al pintor que me oculta	34
Carta...	37
Carta a... la bataola de la vida	39
Carta al corazón salvaje	42
Carta abierta a molleras cerradas	45
Al cartógrafo de las letras	48
Carta de batalla	51
A un manuscrito	54
Carta Blanca	57
Carta al cartero	60
Carta al viento de cuaresma	63
Al sueño de los 44	66
Carta de urgencia	69
Carta a la pesadilla	72
Al jardín de las pirañas	74

A quien me creyera la última	77
A Mauricio	80
A otra sombra	83
A la cartacuba	86
Carta de tasación	89
Carta obligada	93
Carta de naturaleza	96
Carta cabal	99
A no sé quién	101
A la pintura que me mira	103
A gramáticos y otros majaderos	107
Al inédito que me escucha	108
A la mejilla del graffiti	110
A un lector de bibliolitos	111
Carta al troesma	114
Para cartas	116
Cartas en la manga (y la mangadera)	118
Carta al correo	120
Carta del aconchado	123
Carta al horror del error	125
Carta de apelación	130
Carta más sola, más perdida	134
A las sandalias celestes	137
Cartas descartadas	141
Posdata	143

LABRADOR:
ARQUEOLOGO DEL IDIOMA

Descubrí *El laberinto de sí mismo* en razón de su cincuentenario y le rendí por entonces a su autor un homenaje titulado "Labrador en el laberinto o El labrador de sí mismo". Fue hace unos años. Para entonces ya Enrique se me había revelado como tal en su conversación y en su persona, no sólo en su literatura. Algo más fui descubriendo con el tiempo: su vocación de arqueólogo, buscador de lo vivo y significativo por entre los ruinosos túmulos del lenguaje. Y es en su libro prepóstumo, como el mismo me lo ha clasificado, que el arqueólogo Labrador Ruiz nos entrega su hallazgo definitivo: el fruto colectado en las innumerables excavaciones, el recuento de una vida dedicada con amor, obsesión e inequívoca entrega a los más fatigantes e inapreciados, si bien gozosos, menesteres de la palabra.

"Sueños ciegos, pesados fardos tristes, la melancolía de las dialécticas perdidas y los peñascales de los tronos prometidos. No iré por ellos; no busco paz en tales condiciones. Seguiré litigando con sombras, picos y barrancos; seguiré perdiendo espacio pero no especulando a sangre fría", dice Labrador en su magnífica "Carta de tasación". Y luego, como adelantándosele a la muerte, añade: "preciso entrar por algún boquete del tiempo y visitar el otro lado del laberinto. Adulto soy; infante y régulo también. Pediré limosna, fruto de un álgebra inextricable, pero profunda, pero limpia". Y ahora que ya está situado al umbral de ese boquete, perdido casi todo el espacio y sin poder valerse de la palabra escrita para su litigar, Labrador me ha confesado: "ya sólo me cabe pedirle a Dios que me saque de este hueco". Después de las cartas, que fueron una oración compartible, vino la oración secreta, interjectiva. Ahora Labrador solamente ora y no por asegurar nada en otra parte, sino en sí mismo.

Yo diría que esta es una hazaña humana notabilísima y sobre todo tratándose de un cubano que descubrió la neblinosidad verbal, es decir, mental, como característica de lo cubano. Por eso, si algunas de estas cartas son neblinosas, como la mayoría de sus cuentos y novelas, es porque el estilo labradoriano, cuya quintaesencia nos legan estos textos, lejos de ser una gratuidad o arbitrariedad literaria, es la transposición al lenguaje y la prosa de su autor de la excesividad y la insuficiencia cubanas: la primera verbal, la segunda moral. Creo que por ahí va la cosa. Cuando el autor de *Trailer de sueños* emprende sus excavaciones idiomáticas, léxicas y sonoras, lo hace realmente con la intención de dar con el alma de lo cubano, de perfilarle lo más posible (que no es mucho) el rostro. Y luego de castigar en sí mismo lo peor, admirar lo mejor en los demás.

Hay en esta obra no pocos ejercicios de admiración, como tituló Cioran uno de sus libros. Bellísima la larga "Postdata" que le dedicó al zapatero de Güines que "echó a andar por veredas de misterio" con la dolida intensidad de un Jorge Manrique: "Francisco Riverón, de oficio zapatero, radicalmente contra todo compadrazgo retórico y el anudarse a madres míticas con obscenos ojos asiáticos, madres que a poco que se les recuerde se las encuentra liadas a hijos impuros, todo el rendeo político de la época fatal de nuestra tierra, perdió para siempre su alegría de vivir y de cantar no bien escribió aquello de la muñeca para su hija, que en época de Reyes se la cambiaron por una metralleta checa". En este fin de cartas Labrador borda un espléndido testimonio de la tiranía del "hijo de Stalin", también conocido como Guillén el malo en el ámbito literario de la Cuba de hoy. Riverón cayó en manos del enemigo; Labrador pudo tomar la ruta del exilio, pero como aquél, dice su verdad sin buscar ayuda de nadie. Y bien, la libertad es la primera necesidad del espíritu, sobre todo para el escritor, que se las entiende con palabras, pensamientos, invenciones, verdades.

Ahora que el autor de *El pan del los muertos* está preparando el horno para el suyo, ya apenas logra cazar un pensamiento de esos que, según el solía decirme hace unos años, andan por el aire y el escritor tiene que estar al tanto para que otro no lo agarre primero. "Ven, vamos a sentarnos al frescor de afuera porque el calor me roba los pensamientos", me dijo el otro día, en un momento de inusitado y lúcido entusiasmo. Y ya en el portal, siguió, "lo bueno que tiene tu visita es que contigo puedo hablar lo mismo de poética que de novelística y ensayística, pero mejor entremos porque aquí se ha sentado tanto bruto que los pensamientos se espantan". Estas *Cartas a la carte* son la última cosecha de pensamiento de ese gran escritor que ha sido Enrique Labrador Ruiz.

Cartas a la carte, como bien sugiere su título, tiene platos para todos los gustos: cartas sentimentales, saladas, sarcásticas, sabias, suntuosas, salerosas, serpentinas, siniestras, saturninas y hasta saturnales, que pueden ser a un tiempo songas y solemnes, suaves y supersónicas, sagaces y seductoras, serenas y sediciosas. Y esto por sólo limitarme al ámbito de la S. No creo necesario decir cuáles caen en cuál categoría porque estimo que será más divertido para el lector picar su propio lote de cartas hasta llegar a la última de la baraja —que también de eso se trata.

Me pregunto hasta dónde la experiencia de exilio no sea determinante en la elección del género epistolar para volcar la vena ensayística y narradora de su autor. En su carta "A las sandalias celestes" se refiere con gran admiración a las *Cartas a Elpidio* del Padre Varela. Y en la "Carta de urgencia" (a José Angel Buesa) dice: "el exilio nos unió cómo suele, por lampos, por silencios espectaculares, de modo esporádico". Lampos y silencios que el creador debe llenar con misivas increíbles en intención y alcance. Debo confesar que la correlación carta-exilio es anterior al encuentro con el texto labradoriano. De hecho fue una de mis primeras intuiciones la que me hizo llamar carta al poema en *Las cartas y las horas* (1977), donde "cartas" de relación, confidenciales, para romper, de nadie, a las musarañas, a otro poeta y hasta a mi isla florecían en torno a mi poética: "El colmo de las cartas". Cómo no confirmar mi intuición al descubrir que el autor de *Carne de quimera* había convertido sus más entrañables e intrépidas memorias y semblanzas, sus más decantadas reflexiones, nada menos que en "cartas". El mismo ánimo desmesurado de llegar a todo y a todos desde cualquier lugar o ningún lado. A todas luces una empresa de exilio. Se queja

Labrador de que el cartero le trae cartas con nombre distorsionado: Juan Ruiz, Enrique Labriego, Henry Sangrador o Labrador Rhrie, lo que no le impide dedicarle una de las más afectuosas del conjunto, a medida que se adentra en confidencias: "Querido cartero: yo más bien debí llamarme labrador, el que sufre lacerías y trabajos sin fin, el pordiosero de infinitos, el ánima en pena de la virginidad espiritual; y enriquecer por ser enrique la misteriosa raza de los caídos y raídos..." Pero para enriquecer con sentido tiene que convertirse en arqueólogo del lenguaje, siempre fascinado por los hallazgos, aunque un tanto entristecido a la vez cuando lo hallado no anima el campo de la propia lengua o de la propia época. "Eso de que los indios chiruguanos"- dice en su carta "A la Gloria"- "llaman al papel **tum papire**, que dice en su lengua piel de Dios. Yo he puesto títulos transitorios a muchos libros que no luego me aburrieron y dejé a medias, pero nada tan bonito como eso que envuelve tanta poesía junto a tanto misterio. Comprendo la profunda sabiduría de ese pueblo que ve en lo escrito algo que escapa si no lo recoge en su seno un Ser supremo". Ahí tenemos al Labrador arqueólogo, buscador de sentido puro en la raíz de las palabras.

Casi al final pega un cartazo en "la mejilla del graffiti"; lo considera emblema de estos tiempos desprovistos de ese "papel pautado de sentencias clásicas que le permite al pensador ahorrar su tiempo". No saber la etimología de las palabras hasta llegar al trasfondo sutil de su prehistoria le parece lo más conducente a confusión y empobrecimiento verbal, vale decir, mental, que pueda padecer el ser humano. Y que las lenguas se vayan dejando palabras olvidadas o degradadas, sin que tampoco las sustituyan por neologismos felices, es ya el colmo del estancamiento.

No hay que practicar la cartomancia para leer en estas cartas mucho del pasado de su autor, bastante de nuestro presente y no pocos refilones de lo desconocido más incierto. En "A la que me creyera la última" dice andar "respirando desde 1933 en los sótanos de la más negra necesidad, desesperado por mantener la escarapela invisible de mi oficio... Yo no quiero el pan del triunfador transigiendo con métodos repugnantes; mejor es morir de hambre, lo que supone un gesto que acerca a Thanatos. Todo desorden propala escarnio; nada queda en la sombra, seamos sinceros. La plenitud de vida se gana con el ejercicio honrado de su tránsito". Su invitación a la ética desde la cultura implica un modo de vida.

La verdad es que Labrador no escatima tinta y lo mismo entra en correspondencia con un pajarito, la cartacuba, que con una etiqueta de antaño: "Carta blanca". Todo es parte de la batahola de la vida. El Labrador más compasivo le escribe a 44 niños que perecieron sepultados por un alud en Francia, el más festivo a los agujeros negros, el más tierno a su madre, el más hondamente radical: "Carta abierta a molleras cerradas". Cuatro de las cuarenta y tantas las dejó sin título, pero yo no he podido resistir la tentación de dárselo: "A no sé quién", "A gramáticos y otros majaderos", "A un lector de bibliolitos" y "Carta de presentacion". Todo un festín "con el agrado de decir adiós hasta siempre".

Tanta miga tienen estas cartas que uno se resiste a dejarlas a un lado para atender sólo a su autor, ya al borde de pasarse al otro lado del cristal con sus antepasados. Momento para recordar su primer libro, aquel *Grimpolario* (1937) o saldo lírico, con portada de Carlos Enriquez, donde hoy me encuentro el poema "Diana":

Yo andaba por el mundo jugando con la flecha
sagaz de la existencia. La juventud me impuso
el fuego santo del verbo, la estremecida endecha
de la ternura y otras flores retóricas al viejo uso.
De pronto vi que el trapo burdo de mi esqueleto era de mala traza.
(Mi corazón adentro sabía un secreto humilde y un grave menester.)
Mas hijo de mí mismo, demente luminoso, me dio propicia caza
y a boca de deseos, comido de ansiedades, hízome perecer.

Y viendo que han pasado 52 años desde aquel poema, pienso que nuestro cazador cazado se quedará otro rato a disfrutar con nosotros la aparición de la obra de exilio que con tanto amor su esposa Cheché me ha encomendado, de su libro prepóstumo escrito con gran pasión e indeclinable garbo.

Juana Rosa Pita
Miami, mayo de 1989

Carta liminar

Desde años atrás llegué a la conclusión que la tarea del fárrago resultaba para ciertos escribas un ejercicio que debía instruirlos para otro mayor: el escribir congruentemente. Pero ni siquiera escribir cartas puesto que todo papel que se llene está dispuesto a ser publicado, y éste se pierde puesto que no entra en los medios de difusión, lo que requiere una regla.

El novelista, el cuentista, el poeta divaga: agarra por los moños una planta, que es su texto esencial, y luego la introduce en hoyos y entre hoja y hoja deja su aliento vivificante. Curare, lampreas, cambures, lo que se le ocurra en todos los niveles servirá de abono. Meses de poética seguirán... ¿qué hacer ante la magnificencia de lo que surge? Apenas algo de postizo y caigo en otro. Yo he incurrido en el juego de las cartas (en uno y otro sentido) pero me retiré en buena hora al cabo de partidas desgraciadas (en uno y otro sentido). ¿Efectismo? Me apartaba del trato epistolar pensando que escribiría otro género bajo ese nombre y así ha sido: un libro en que se descubren edificios medievales o penetra la arqueología sumeria pero sin practicar el canibalismo letrado; pasé por encima de ello dirigiéndome a extramuros, con el misalete en mano, muy cuidadoso de que no fueran extramuertos.

Ya es suficiente saber que uno es mirado con aprecio por gente en ocasiones alejadas de nosotros; tal vez no participantes de un estado de ánimo. Yo he visto la vida desde mucho atrás entre fúnebres procelas y altivas ceibas luctuosas. Era como estar a la sombra de un vago templo romano sin ninguna pericia construido en medio del fastidio de los días.

Gracias a cuantos me estimulan al final de este vía crucis del papel impreso.

En este punto recuerdo una pregunta que me hizo un curioso impertinente:"Y si se va a morir bien pronto ¿para qué escribe todavía?" Le dije: "¿Tú no sabes que hay una cosa que se llama literatura prepóstuma?" No entendió, para alivio de mi pena, a pesar de sus poros abiertos a todo saber por amplio que fuera.

A mí me ha gustado siempre caminar por entre arboledas de enfermos, chichinguacos en meditación, lo menos sorprendente en las cercanías del paso definitivo. Me da lo mismo estar aquí que estar allá; nada podrá ser peor, sépase lo que se sepa, si uno tiene el ánimo atravesado. ¿Qué tuve del mundo? La parte más socorrida, y eso que el mundo es una casa de socorros para incurables. El agua del socorro no está bien sino para niños, prematuros pecadores, para ancianos impedidos de serlo ¿qué necesidad hay de ello? Yo brinco cerca, atropello jardines, salto y desnuco distancias a galope de la imaginación, y yo que nunca monté a caballo sueño con cabalgar distancias astrofísicas. ¿Gran señor y calavera? ¿Todo esto es fárrago o literatura? Que lo diga el lector, que vuelva páginas, que no roture línea y yo en mi templo romano, ya no construido sino deshecho por los frecuentes visitantes, plimplim plim... Ese incendio del cosmos que desgraciadamente ni se nos acerca; esa caída en el vacío que tanto tarda; Kundera y su lástima vital, el peor Musil, el detonante Don Alberto Galeón de Concurso, siempre en las listas académicas, siempre aspirando y suspirando y expirando por la causa de las letras, su causa ahora en plan de caza mayor, entre jirafas, leones y tiburones. Lo que se llama un arrebatacapa que desdeña las capas y los frontiles.

Me evado, me amosco, cargo el chopo destinado al suicidio. Quién dijo: "y si no me muero ¿qué va a ser de mí?" Lo repito de oídas; lo llevo clavado en el alma desde que empecé a vivir. Lo dijo un sabio de peluquería, un maestresala de barajas orejonas, con un aire de sujetapapeles que no se comprende. A ver si nos enredamos en la trampa verbal y tropezamos con el sentido.

Fárrago, fárrago y erudición bien sobada por malas manos

que confunden y trastuecan. La común herejía, el vitriola sin gracia, mojones verbales para marcar hitos agraviantes, que importan al cabo. Me escabullo, tomo el silencio por bastón y así construyo mi canto final gritando albricias por tanto despechado que quiere dar el do de pecho. Y quedo bien entre la impasibilidad de los enigmas como el eterno encorvado que he sido.

Carta primera

La mejor carta que puede escribir un hombre sería la dedicatoria que puso a un retrato de cuando era niño. Por ejemplo, ésta que está en una foto de 1905: mamá te quiero mucho. Hay otras faltas, pero omito esas torpezas en homenaje a su candidez. Jamás podría nadie mejorar un texto de esta textura. Ni he sido persona extremadamente jocosa, pero sí con mis puntas para la faceta, y algunas veces estas puntas han hincado a gente supuestamente respetable. Fueron globos a los cuales saqué el aire sin darme cuenta. Ahora comprendo que yo venía destinado a fabricar esos globos de antemano, con mi sentido estricto del medio en que me movía.

Pues a lo que íbamos, a mi madre en primer lugar. Fue un ser estrechamente ligada al mundo, comprendía el círculo en que le tocó moverse y tuvo un ingenio de elevado calibre. Su marido, es decir mi padre, la comprendía muy bien y dejaba que fabricase sus castillos en el aire hasta el punto de comprender que tales castillos estaban bien cimentados. Es un decir, aunque hay rayos de luz que penetran mucho más de lo que el ojo humano suele atrever. El rayo láser.

Cómo voy a expresar el tamaño del amor hacia mi madre si tuve diez hermanos más, y yo era el mayor. Todos hemos querido a esa persona de modo excepcional, lo que la hace parecer, según mi juicio, un ser nada escabroso para llevar a fin la lucha que tuvo por delante. Educó a todos como pudo —carreras a la carrera, etc, etc.— y ganada de gran paciencia toleró las diabluras de su hijo mayor —yo, que vergüenza— quien fue siempre un lanzado a todo. Qué podía entender mi madre si todavía ahora en que me acerco a la total ancianidad, la encuentro tan joven y jocosa que no olvido desarrollar siempre en mis papeles alguna madre que lleva los puntos de su temperamento. Mi manera de amarla, de no olvidarla en ese perfil que jamás dejo a lo imprevisto sino que estudio con cierta morosa alegría de niño travieso, a la descubierta de un mundo de azúcar y miel que nunca ha perdido por el nimbo que sobre él expande su madre.

Así que, madre mía, que naciste exactamente el mismo día que yo, solo que veinte años antes, siempre navegas en mis perezas, en mis asperezas, en todo el confín de agresividad y suavidad que hace de cada cual el carácter y la marca de distinción que Dios ha querido imprimirle.

Estando en circunstancias muy angustiosas pedí a Dios en una iglesuca del exilio que me permitiese ver a mi madre en sueños, y así fue: esa misma noche estuvo presente como se conservó hasta el último instante, llena de encanto, decidora y cautelosa. La vida me ha presionado en variado acento pero jamás resistí mucho tiempo tal presión, y siendo mi carácter algo díscolo echaba por la banda esa preocupación de lo que traerá mañana. Vino mi madre a decírmelo en Madrid, cuando estaba en medio de angustia y desazón: te irás pronto y cambiará tu suerte. Así fue: dos semanas después viajaba yo a Caracas con la idea empecinada de quedar allí hasta tanto las cosas variasen. Mi madre volvió a verme como para decirme: te irás pronto. Así fue: aquí me vine y hago mi poema cotidiano ligero de cargas y compromisos.

¿Se quiere mejor visita que la que solicité desde mi agujero de la calle Reina en La Habana? Madre, corto, que el tiempo apremia y es posible que yo tenga un viaje próximo y no sé... A mí no me calma nada pues estoy de vuelta de tormentas y remolinos, pero la presencia de mi madre sí me retiene en silencio y hasta me cohíbe algún gatuperio que el tiempo me arranca de los labios.

Querida mamá, camo siempre, te quiero mucho, y no se me pasa el adorarte. Tampoco el tiempo es esa infinitud que el hombre se construye a ratos para despreciar los avatares que le circundan. Contigo no hay tiempo —ni ganado ni perdido— es otro tiempo al que me refiero, de una dúctil temporalidad. Un tiempo de pantaloncillos cortos, con aire meditativo ante un fotográfo que llamaban el gordo Delgado (porque era así) y cuya mirada a mí me aterraba porque entendía que serían sus ojos los que estaban destinados a perpetuar una imagen volandera y hasta un tanto mefistofélica como lucía yo entonces, con una batica, voy a decirlo de una vez, que era lo que hacían ponerse a un chiquillo en trance de solemnidad. (Después me retrataron cuando tome la primera comunión, con una pierna doblada sobre una silla y un cirio en la mano derecha; allí aparezco como un cojo de mirar algo desabrido en consecuencia de estar tan molesto al cabo.) Pero de todos modos volvería a decir: te quiero mucho, mamá.

Lo que me suspende el ánimo en este punto es eso de Tulsa, en que una madre y un hijo se encuentran luego de sesenta años de ausencia. Dijo ella en la comida que se celebrara por otras razones: "Dios ha sido bueno para permitirme que lo viera otra vez" Lo dio en adopción recién nacido, creció, se hizo aviador... y ahora se retira besando la mano a su madre perdida y encontrada.

Carta de presentación

No sé si todo hombre tiene la amargura de haber vivido. No tuve más que minutos felices a lo largo de los años. Componen una página bien ferrada, tal vez destruirla para mejorarla. Mi cuerpo astral estaba hecho de letras, papel y tinta, de confortadores signos según mi juicio. En busca de esa cosa que llaman el cuerpo astral destrocé el camino del bronce que es toda marcha hacia la muerte sin la menor piedad. Me convertí en polvo prematuro y dejé de pensar en esos bienes apostolares que son el tesoro de la experiencia. Jamás tuve esas perezas para lucirlas en corrillos de aburridos vejezuelos. Mi viaje no me atraía a contar falsos birlongos. Tuve el sinsabor de vivir en inquietud y sobresalto y el fruto de todo ello para la sorpresa de continuar vivo.

   Viendo en Caracas la pintura de Bárbaro Rivas, su intuición, me hallé en presencia de un semejante. El simple habitador de Petare tuvo relaciones supranormales que lo indujeron a bien. Y ese retrato suyo tan impresionante en su sencillez conmueve y azufra el ánimo. ¿Qué decir en medio de sus penas? "Yo pinto así porque Dios me lleva de la mano", y el que contempla con amor y caridad esa **Muchacha con flores** o bien **La palomera** pasa a entender un trasfondo magnánimo que pocos artistas aciertan a cuajar entre tanta ambigüedad y retorcimiento como ahora se gasta. Rivas fue el bárbaro de su alma y su grandeza. Me ha hecho reflexionar en los misterios de los caídos, de los callados, de aquéllos que buscan sed para llenar aljibes de prudencia samaritana. No voy pensando en nada que no hayan visto mis bastiones de experiencia, y si un pintor como Reverón me conmueve, nadie me lleva a más tiento, comprensión y adhesión que este artista.

Carta a los ojos que me escriben

No sé por qué se me ocurrió ponerte ahí, poster insignificante cuyo costo fue tan barato, y ahora me resultas tan caro en todas direcciones. En los primeros días me resultó grato mirarte, pensarte, dar vuelta a tus pensamientos y a todos esos resabios que te salen por el haz diamantino de tus ojos perforantes. Los desterrados andan siempre en busca de secretos y pretenden levantar la tapa de la olla metafísica a ver que... Voy dando traspiés en este comienzo bajo un fuego infernal y una temperatura para una temporada ya sabes dónde. Te hablo en términos de gente del oficio a los que nos da lo mismo pasarlo bien que pasarlo mal, siempre que el oficio agarre una brizna de saber nuevo para la pipa del saber antiguo, que se perfora sin cesar, que se carboniza en tanto no tengamos alimentos que proveerle. Las pipas, las colillas, los porros, toda la parafernalia de fin de siglo (de nuevo otro comienzo, mañana mismo como quien dice) y hacer de nuevo cuenta nueva.

Ese decir que no llevamos siquiera relatos de nuestro pasado no es vano. Nuestro pasado rebosa de artistas perdidos que jamás olvidaron deberes esenciales y nosotros nos olvidamos de ellos en un santiamén. Huí del compromiso por una u otra razón poco válida, dar la espalda con disimulo a una tarea de viejo establecida resulta traicionar los pálpitos del tema esencial. Pie a tierra los fantasiosos que devalúan la pobreza coherente frente a los monopolios traumatizantes en tanto medra el pillo y el honesto reseca su boca en la piedra estéril. Pie a tierra, jinetes con cabeza, puesto que a cuantos les queda algo en la sesera será difícil enrostrarles pecados de discutibles designios.

Nuestras relaciones empeoran en punto al nexo que nos mantiene fuera de la tierra madre. ¿Por qué? Por el estado de apatía o indiferencia que nos distancia del hervor sanguíneo de una conciencia madre. Viejo decir: el hombre vive en brazos de su patria, es decir de un aliento donde patria vierte altiveces pero matria acumula jugos vitales que trascienden armonía y el ilimitado borbollón de afinidades. No apartarse de tal fuente es en esencia el producto del espíritu. ¿De qué me sirve que me mires de modo perforante si yo no acierto a pasar ese mirar hacia láminas sensibles?

El bienestar es fundir patria y nación, el carismático emblema de la transobjetividad. Verlo todo de una vez amalgamado pero no revuelto hasta llevar adelante la empresa del espíritu. El resto, economía de tránsito, o que colma y no harta. No glorificar la herramienta sino la mano que la maneja. El hombre es ser misterioso pero cristalino en días de opacidad ambiental. Los ojos que me miran me invitan a perdonar y yo perdono a muchos. (Un visitante dijo en ese momento: tiene la mirada cuerda; fíjate bien.) Yo no le he visto nunca otra mirada ni creo que tenga otra cifra que su constancia en penetrar hasta el fondo los trucos poéticos metafísicos. La manera de alterar con el alma de responsos y el cuerpo de aleluyas enfloró manteles, pero debajo siguió vibrando mesa dispuesta a trabajos formales. No siempre se tiene lo irreal al servicio de nuestros deseos y en este punto el que da entrada a mi despacho atiborrado de vagos recuerdos sabe bien lo que digo. No está solo el loco en su locorio; le acompañan los que sueñan como él en un sueño sin fin que le proporciona alegría y bienestar. Para colocar estos trozos de madera en sus respectivas muescas socavadas debí despatillar a fondo el complejo de ideas que bulle entre ceja y ceja; ahí voy en busca de ayuda y todos miren y todos comenten y todos lancen la burleta del café pasado por Aguada de Pasajeros o por Clarines y hasta inventen un pueblucho insignificante para destinarlo a mote contra el buen cafe de la imaginación creadora, que a todo hay quien gana y a veces quien gana pierde.

Hay que evitar el oprobio de unas palabras perdidas en la somnolencia de los días; unas palabras madrinas que hacen nido en su boca lista al mensaje augusto. Lo horrible sería conformarse con el silencio de sus ojos. Y no queda otro remedio que alzar un tanto la voz para tomar las huellas de sus estigmas, esos traspiés que nos cambian de pronto el punto de mirar de una observación por la banalidad de un trino errante. De estos trinos está llena la escarcela de mi patología; es pequeña cosa pero ¿qué hago yo mirando al que me mira si no llevo el trabajoso telégrafo de una mirada muerta? Viva a veces, pienso, pero no; nada de lo que me pertenece tiene esa categoría. Yo soy el hijo de un mar muerto recién descubierto entre mi pecho y mi espalda; rumio olas.

De súbito comprendo que es mi carcelero; que tiene derecho a una parte de mi padecer, que tal vez se nutra de tales desperdicios como en retribución de ese odioso oficio mezquino. Todos hemos sido alguna vez el encarcelado; la principal persecución está dada en la idea de que podrías ser más tarde el encarcelador. Oh, vientre de Satanás, me excluyes, dices que no; que se me ocurren unas cosas. Pero tengo su cuello en mi mano... ¿y no se te han ocurrido a ti más trascendentes? Vamos a la puesta en acción: ¿de dónde me viene ese dolor de no tener mayor dolor que la ausencia? La única pasión intelectual que profeso en últimas es mirar para la gente que no mira; me divierte ese ejercicio. Todo el que rehuye su mirada me regala paciencia y continencia para el resto del camino. No pienso siquiera en ponerme unos guantes de mi invención para tomar en el aire aquel mensaje que espero entre dos luces, entre dos limbos, al pie de suculentas horcas. Por de pronto, querido amigo, el loco vive entre una guarnición y un hospicio.

A la Gloria

He oído tantas veces la historia del cinturón de castidad que no me conmueven nada las estrecheces de esta historia; la de molestias e inflexiones de que se acompaña y si es cierto que el traje blanco de la señora que se mantuvo en rehenes tres meses, digamos, y no se manchó en un punto su prenda interior para nada, me da idea de una desmesura y nada más. Y la señora Gloria venía ahora a vanagloriarse de ciertos estiramientos en su peinado a cuenta de servidumbre a un recuerdo y de una caraira moribunda en playas de Trinidad. Cuál sería el origen del carajo, y mandarlo a uno al carajo, quitando aquello de los caros ajos de la batalla de Los mosquitos cuando se perdió la hueste entera en busca de alimento y sólo trajo un par de ajos el único superviviente. De pronto Gloria peinada recuerda que eso parecía ser una voz marinera, la caraja, aquello que está en el palo más alto del barco y la gente pone como límite de confrontaciones. Irse allá se ha vuelto característicamente tomar el portante, atenerse a lo que contiene el caramanchel, a punto que el cáramo nos sostenga el respiro y nos deje el resuello de caracatey en medio del atafago de erudiciones.

Así se hacía el amor en casa de Gloria Peinada entre un centurión idiomático y el poeta que fumaba marihuana; así se puso de moda llamar a Gloria la décima musa, a ella, casi analfabeta pero buena oyente y a veces maestrilla de pasantía. Allí empezamos a padecer todos el heriberi de la desesperación (eso dice beriberi: no puedo) en tanto mirábamos el mundo dar la vuelta y nosotros sin nada.

Eso de que los indios chiriguanos llaman al papel tum papire, que dice en su lengua piel de Dios. Yo he puesto títulos transitorios a muchos libros que no luego me aburrieron y dejé a medias, pero nada tan bonito como eso que envuelve tanta poesía junto a tanto misterio. Comprendo la profunda sabiduría de ese pueblo que ve en lo escrito algo que escapa si no lo recoge en su seno un Ser supremo. El escritor vicia cuanto toca y no comprende que su pesado escudo está contra la tierra. Oí una vez este diálogo en una trastienda de sacristía:

—Todo cristiano ha tenido su Mesías Terrenal. Tu crees que sea posible...

—Tal vez no pensó Kierkegaard en eso para una especie como la de Fidel (educado en los jesuitas) un campeón de la mentira. Se trata de los que usan a tutiplén esteroides anabólicos espirituales, hormonas que refuerzan algunas incapacidades del organismo.

—Aguante, mi viejo. No mezclar zapatos y zapatillas.

—Pero el misterio de El Niño funciona.

—Dije todo cristiano. El ¿qué es?

Salí al sol de la calle; se me había puesto el ánimo torcido y vi una vieja pegando con su tabla de planchar alaridos al viento, porque no tenía modo de ponerla en condiciones de labor. Me dije: ella también podría reclamar su porción alicuota de felicidad, y no.

Todo pasa a mi papel, a mi piel de Dios, tan cotidiano todo que arrastro la pena de haber dejado tras de mi mucho tiempo estéril. Me entero, sin embargo, que Borges habla a los ochenta y cuatro años de que ya no se suicidará en vista de que, francamente, lo está pasando muy bien en espera del premio ese que tanta fama le ha dado y tantos premios al alimón.

Propuesta de nieve, me alegro mucho de oír la sinfonía única que no me adormece y recuerdo a Gracián hasta repetir: "Oh, vida, no habías de comenzar, pero ya que comenzaste no habías de acabar". Lo que me recoge y amarga pero no me intimida en vista de que, después de todo, ¿que haría el hombre en la otra vida si no lleva la experiencia larga de esta en fermentaciones de lágrimas y escabeches de pena? Me gustaría cerrar esta antimeditación con una fase de abanico, a saber: tome el camino quien quiera; los caminos son iguales; los caminantes dan la espalda a la fuente y empieza la otra caída más lenta pero mas roedora.

Henry Moore, infatigable, en el pitén de los que no se dejan arrastrar por edades y más edades, piensa en bronce el epitafio de la flor de bronce que le anima a no morir. No quiere dejar que sean ocho esos gandules de ochenta y cinco y nada más.

—Enmahómate —le grito— que para evitar el útimo riesgo hay que desafiar los primeros.

—Y ¿qué es eso? ¿Cómo se hace?

Hasta ahora tú no has sido más que un antófago, el que se alimenta de flores, de las imprecisiones de la vida, un tonto. Hay que penetrar a bajuras sin esperar victorias.

—Como si el esclavo naciera para serlo sin remisión.

—Así se pensaba antes; ya no. Todos tenemos derecho a la libertad, pero es necesario conquistarla diariamente.

—Me ahoga esta lucha; el artista esta destinado a sufrir de modo permanente y quien dice lo contrario ya no es artista. Es tratante en artes.

—Victoria de todos modos. Y no olvides que la muerte es ese camello negro que se te para a la puerta de tu tienda y no se va si no te lleva consigo.

—Allá los que tengan tienda; yo apenas poseo un cuchitril donde yacer y una tenebra que me refresca el ánimo. Y no pinta nadie una vaca como la mia.

—Bueno, nos callamos, porque como dicen donde yo me sé... ahí llega don Pacorro que va a decir misa.

Estábamos al cabo del funeral de una de Gloria 3, antigua vecina de Lacácea en época de mucho renombre, ahora vuelta un recinto de doncellas púberes. Dicen a esto pulsar altas palabras.

—Tuve un sueño... pero me quedé dormido.

Carta a los agujeros negros

Estoy perdido con esto de los agujeros negros. No entiendo la gran sabiduría que fabrica estragos para aterrorizarnos. O será que no me asiste una ninfa de vuelo para explicarme que tal vez esos agujeros no sean el camino que nos lleve a la otra parte de que siempre somos añorantes?

El hombre numeroso de penas y de días, fue cantar de Lugones. Quién no comprende que su canto era premonitorio: acabó sus días frente a un trago de wiskey mezclado con cianuro, allá en El Tigre una terrible tarde. Dicen que el amor llegó a destiempo; dicen que llegó la desdicha por todas partes a confundirle y a violentarle. *El hombre numeroso...* y el gran poeta se echó a coleco esa pócima ardiente.

Las neurosis nunca son leves como opinan algunos médicos. Ellas desatan un mundo, desovillan una madeja de introversiones y zurderías, toman carácter monumental y después de todo ¿qué es el hombre sin esas cascabeleras infidencias? ¿A quién se deja de guardar confianza? ¿A qué se traiciona? A nuestro ego, de donde se deduce que el estilete lo ponemos nosotros mismos en el sitio en que nos daña.

¿Voy a meterme de nuevo en los agujeros negros? Toda vida humana es en sí un mapa de discordia interior, y sólo es posible liberarnos de ella recurriendo a mecanismos que no conocemos a fondo: el guru, el médico de almas, el confesor cerril.

He tenido siempre gran confianza en los médicos editores; debí haber sido médico (un amor de mi inteligencia) y el tiempo pasó su esponja y borró imágenes, conductas, lo menos transitorio e inconstante. Ser el triste de siempre no me compensa de nada; soy el desesperado de todo lo que tengo y quisiera de buena gana soltar el traste y se acabaron las corridas.

He leído que se nombra una comisión para enseñar a hacer los paquetes de basura. Un país que se toma tales previsiones, ¿por qué no penetra un poco más en otros secretos que no sean los estrictamente militares? Padecer esa desesperación de la guerra quita algo de los perfiles de la vida natural, aquellos que hicieron de algún modo nuestros antecesores. ¿O es que nadie se ocupa de mirar un poco para atrás en busca de la diferencia entre placidez y sobresalto? Los agujeros negros nos entorpecen el ánimo y uno quisiera de momento irse por ahí, a unas tierras tranquilas, a tomarse de vez en cuando un jarro de cerveza sin temerse en maromas. Lo más simple, lo más cotidiano posible, al aire el cuello, los brazos y si se puede con una chica linda junto a uno.

En algunas partes he oído a la hora de la cantaleta y todo bien acompañado con guiños nada discretos. Efemérides, anales, fastos... todo queda engrudado para la vergüenza cotidiana. ¿No se dice que la analogía es una de las grandes fuerzas que gobiernan la vida de la lengua? Con este atropello al pudor se salía del paso. Guantanamera, ¡para lo que serviste en bocas atroces! Atroces y desdeñosas que no podíamos aplastar de un puñetazo, pues era la boca de un pueblo algo díscolo y revestido de insidias bajas. Yo venía de reductos endurecidos por la pena y la privación, por el despojo y el ultraje, por el escarnio y la virulencia, pero no tanto. Fui sensible a esta majadería de tasca albina. Las circunstancias del momento me sellaron oídos y sensibilidad y si los megaterios de las reuniones no nos acabaron también los ojos sería por que no quisieron. Trenos al aguafuerte y los espejos de la lluvia disolvían el grupo pero no tuve jamás tiempo para diluir esa constancia humillante que venía a destruir nuestro carácter. Y ellos, los livianos rufianes, los bien nacidos y malcriados que se mortifican por ser cumplidos amigos, ¿eh? mueven en silencio agujas deterioradas. El tiempo, impulsos perdidos, el irremediable mal gusto... y hasta los hoyos negros del carácter.

Ahora que aseguran que los dinosaurios se extinguieron después de disponer con tiento y paciencia el gobierno de un mundo tan complejo como el nuestro, simplemente en razón de no poder mantener relaciones sexuales, ¿qué es eso?, digo yo; ¿qué extraña dolencia, qué maldición, qué infinito abuso de poder? ¿Y quién les quitó esa actividad maestra? No creo nada de lo que cuenta la genética, la matemática, la geografía, la historia. Creo que esos huevos de caimán incubados a temperaturas inferiores a los treinta grados centígrados sólo producen hembras, y los incubados a temperaturas superiores, machos es mucho decir. A otro con esa trova. ¿Quién midió esa temperatura y sobre todo quién se hizo con esos resultados? Se aduce que los dinosaurios sufrieron los efectos del enfriamiento y en ese caso, ¿quién nacía como soñaba? Aquí entra un poco de refilón la teoría del instinto de supervivencia, pero muy echada hacia atrás, con matraquilla y muletas. Los dinosaurios, por último, ¿fueron alguna vez nacidos de huevo de caimán? Por paralelismo no entro en razón puesto que todo en la vida es paralelo o en parejas y todo tiende a sufrir distanciamiento en instantáneos avisos. ¿Y el dinoterio? ¿Y dinocarrera? Me asusta esto: ¿estaremos todos en grado de extinción, como son los escasos metales que debemos poner en nuestros bolsillos desfondados para hacer la vida menos opaca? Yo pregunto a mi cocinera, a mi amante, si tiene razón esto que planteo. Y todas —que son una— me responden: "claro que no. Lo único sagrado que existe es la vida y mira tú como la tratamos". (Debo explicar que me siento en estado de furia con esto de la extinción y el cumplimiento que damos a la ley de Dios por una simpleza de más calor o frío. Vamos a cuentas: el aire acondicionado, el frío al galope, los entretechos bien situados para aprovechar alguna onda helada y vagabunda o en trámite hacia los entremiches protectores, ¿no tienen también alguna función remediante? Caray, con la simpatía que he tenido siempre a esos muchachos fornidos que se contonean en las páginas imaginativas de tantísimo pintor ligeramente bien dotado! Interludios y jurisprudencias me asistan ahora. No deseo más tragedias con animales grandotes, de cara tan inteligente, subsidiarios de alguna pareja castigada por bella a esconder un tanto su afilado perfil. El heroismo de presentarse tales como no somos (y eso lo saben bien los escritores desdichados) nos lleva a pensar un tanto en esos queridos compañeros de tragedia. Somos al cabo, dando irónicamente sentido a todo, de esa casta maestra que tiende a pasar por grande y es una miaja de huevo perdido entre riscos y visiones. Un pensamiento formal destinaría a esta frase más palabras; yo no; además de no ser formal ni siquiera me interesa el formalismo (ruso o no) y pinto angelitos en busca de nuestra herencia cultural. ¡Qué vehemente asunto! Vengamos a cuentas: ¿la vida no está de algún modo expresada en los ojos? ¿Quién ha visto ojos más soñadores que los de los dinosaurios, hembra o macho, que de momento no acierto a expresar? En la esfera del arte, bien que se las compone la pareja para no ser tan dispareja como la pareja humana, y eso ya es fuerte signo de inteligencia. Algunas veces silencio otras expresividades de este tenor pero hoy me hallo en vena de amistoso engarce y ahí dejo esta impresión solemne. Vean los dinosaurios, sean como sea, machos o hembras, sean las dos cosas en una, que ya es decir bastante para como está la competencia afuera.

Como el jefe de fila lo miró sin piedad, recordó que un ciudadano vasco llamado Candi comió cierta vez una gallina con plumas y todo y diez huevos fritos con papas y hasta una ensalada. Cándido tenía fama de buen diente: dieciocho chorizos con patatas y cinco kilos de carne cruda. El tierno Candi no perdía tiempo y ya envejecido pero no desganado hacía las delicias de aquellos atrapadores de suculencia en medio del campo.

Vimos la intencionada bagatela: y si fueran unos niñarrones, ¿eh?

—A esos, con miel y tan rápido como morderme un dedo. Cuérnagos de la abundancia para pasar el rato. Y el ratón.

—¡Cristacho!

—Dígame, mi labriego —suerizó una señora con esta alusión prosódica— ¿cómo le va por acá?

—Un tanto incómodo. Pero usted ¿no es la verdadera hermana de doble vínculo?

—No; de doble cíngulo. Me llamo Sirofenisa.

Ahora reconsidero la idea de los agujeros negros. ¿Adónde conducen? ¿Es realmente el pasadizo de una vida a la otra? En ese caso: ¿dónde cambiamos el traje? Porque con esta porquería que llamamos mortaja y con la superestructura de cuatro tablas me parece que no llegamos a parte alguna. Me gustaría ver a estos tipos junto a mí, de lejos o de cerca, poniéndose el **peplum** para avanzar hacia uno que grita: he perdido a laguine de mi familia y no sé quién será. Soy el autor del *Manatí civilizado*, del pueblo de Manatí, y espero a un tío abuelo desde hace muchos años. Hoy me llamaron. ¿Quién es el estrafalario sujeto que me dio la broma? De Manatí no queda nadie; después de Fidel hasta el nombre cambió.

Fue o no oído y en eso llegaron unos enmascarados en busca de aquellos que esperaban. ¿Qué desean ustedes? Oh, no, sin nosotros al cabo estamos aquí de mirones y nadie precisa de nuestra asistencia. Están haciendose los tontos: venía en busca de zombis a los cuales poner a trabajar enseguida haciéndoles creer que estaban muertos —lo mismo que hacen en Haití y en algunos pueblos dominados por el imperialismo soviético—; vamos a ver, señores, atrás que la policía tiene instrucciones muy precisas. Si la novela tiende a dar un medio casi cotidiano al hombre que la representa, ¿qué ámbito aguardaba a estos preñados sujetos a los cuales se pasaron la vida diciéndoles cosas del **Más Allá**? Algunos de ellos encontraron que tenían una cierta protuberancia en el colodrilo y otros en la frente, debajo de una ceja (la izquierda, la derecha, no lo sé) un coso duro que llamaban en familia el hueso de Maceo, lo que supone el hueso de la bravura, y habían sido durante todo su tiempo de estancia en la tierra unos vedaderos infelices. La sordidez de tales detalles me inclina a callarme otras cosillas, y paso a contar que el tono de los que partían desengañados de su engaño era el tono de un guardián al que quitan la presa donde cebar su odio.

Y he llegado al punto que me hunde y me subleva. ¿Hay odio aquí también? ¿Cómo entonces podré dejar unas cuartillas recordatorias de esta atmosfera imponentemente mezquina que nos hubieron prometido de otra incinierada certidumbre? Silenos pesados, engordecidos a puro hígado y repollo de col, saltan y miran y escogen y cautivan las mejores porciones del hoyo que ofrecer a los recienvenidos, si alcanza el tiempo para tanto. Inconcebible pantalla. Este cine es una porquería; funciona de modo ejemplar hasta llegar a los ejemplos y que el demonio nos asista o perderemos la virtud de ser honestos.

Carta al pintor que me oculta

Hoy estuve mirando detenidamente mi retrato impostado sobre la levita de Dostoievsky y con mi cara de carabela doy un aire dramático a él, que no a mí. Si en mi entierro tuviera cinco viudas llorosas (de un modo u otro) no me sentiría tan triste, pués aunque me pase la vida tratando de dejar gente abandonada y buscando otra a quién hacer lo mismo no me sería desagradable verlas, no diré llorar, pero sí haciendo esos tristes pucheritos que conmueven a tanta gente educada que mira y no cree. La levita, después de todo, puede pasar; es de lo que se usaba en sus tiempos, pero el sombrero de copa no comprendo dónde lo engarzaste para esa ceremonia insípida que es ir pidiendo audiencia a las puertas del Limbo, lo que se infiere de tanto nubarrón y tanta colgadura de segunda mano camo has puesto para vituperarme un poco en público y en privado. No vale la pena levantar un cargo por ello. Tú sabes mejor que nadie cuánto desprecio la gente acusona.

Pero el amigo Fedor me mira con gran desconfianza desde tu papel japonés, y camprende lo que lleva de compromiso poner un escritor de mala muerte a su amparo. Sufrir como él, nadie; padecer como él, otro tanto y si nos ponemos en situación de examen más jugador que él o más bebedor o más enemigo de regimenes y faramallas politiqueras, no se encontrarán fácilmente. El precio de la vida le ha costado su vida, lo que es operación remotamente adjudicada a santos y fantasiosos. Vamos, no me entrego; no podré jamás siquiera preparar un par de cuartillas con los materiales que él usaba; soy un simple lavaplatos en esta fonda histórica de donde provienen los platos de su estela. Todo quede èn carta, de un modo u otro, y disuélvase en miseria culinaria de segunda mano. Cirios, eso me hubiera gustado ver por allí, en tu papel sombrío. Pero es todo tan ahogante, tan sepulcral que me creo de veras traspadando umbrías y festones. Ah, sin duda tu gracia obra mucho en todo esto y de pronto me tomo la licencia de ponerte cuatro letricas explicándote el género de reacciones que disfruto con ese retrato que destroza el ánimo final.

A mí me han hecho andando los años unos cuantos retratos; la verdad que me veo a través de los tiempos como voy descendiendo o a veces volteando hacia profundidades que no están solamente en la caída. Hay ascenciones que enrostran penas y vituperios que odian por donde voy a pesar de mi silencio. Ponte en guardia: lo tuyo no sé por donde vaticina bien o mal talante, lo misterioso o lo simplemente gráfico. Tengo el alma hecha de una curtida piel que me aprisiona todo el cuerpo ya que de pronto comprendo que vivo en carne viva y en salmuera. Pero no hay que ser tan cauteloso como para no dejar una brizna de pensamiento de donde agarrar la intolerancia de lo vanidoso. Me hubiera gustado verme más explicitado junto a un escritor de nuestros días que haya sufrido tanto como el pobre Fedor, ¿pero dónde está? Miro el planisferio de los ilustres o con mayor lustre o jovialmente ilustrados y no me da ganas de la frente abollada por donde fluyen las ideas últimas. No quisiera parecerme en nada a los que han sido últimamente vendidos como brillantes y que originaron de un modo u otro en nuestro hemisferio. Qué me importa que dice un tal Fernando Alegría, un tal Droguet o ese majadero que se titula el rey de la parranda, Angel Rama, cuyo segundo apellido huele mal. Tomo un papel del cartapel y miro: donde se sienta el mago no se puede mirar dos veces porque enegueces. De los muertos ni hablo. Tomo un papel y respeto su carlina: no paso por un evangelista ni escribo a sombras. Pero sí diré que no hay que quejarse mucho porque expulsen del Paraguay por comunista a Roa Bastos ni que llamen al orden a ciertos peruanitos que viajan por el mundo esparciendo veneno como ese Scorza, que ha burlado varias veces la buena fe de escritores ingenuos con esas editoriales que hace funcionar para servicio de la causa. No, no quiero saber del estado de su salud sino del fin de sus días para tomarme una Coca en homenaje a la justicia distributiva.

En este torbellino de simios que ha sido el boom en su fase final han desfilado algunos con las nalgas ensangrentadas. (Estos monos tienen un nombre pero ahora no recuerdo y ni hace al caso.) A lo que iba: ¿quién no ha dicho alguna palabra en torno al más insignificante de alguno de ellos? Todo el mundo puso su piedrita para el edificio de la estulticia y el devaneo literario; todo el mundo engrandeció cuanto pudo a su vecino de fila con tal de que mañana o pasado se le devolviese la reticente atención. Tonterías. El boom no se dejó jamás penetrar como que fue obra de una mujer llena de astucias y unos tipos (parecidos a mujeres) llenos de avilantez. Pero me paso de la medida. Todo está en sombras hasta el que dirán del mañana. Yo miro en silencio el retrato que me has enviado, lo sopeso al lado de alguna otra cosa que guardo con amor y pienso que no estoy en edad de tales arrumacos. No podré jamás ocuparme de la propaganda, que está en manos del partido y su caja de resonancia. Sigo fechando mis cartas a la puerta de los Tántalos, y con todo no sé hacia dónde da esa puerta. Sigo pensando en una sifilomanía que me enternece; es la razón de explicar los contrafueros de la sinrazón. Y adiós. Y adiós, adiós, que ya me voy en el carrito de la fortuna desposeída:

Con tal que no se acabe todo tan temprano!

Carta...

Detesté el mundo que me rodeaba -como ahora mismo lo hago con este que tengo que sufrir todavía-. ¿Cuántas veces me fugué del colegio, de las disciplinas y eché a andar por mi cuenta como un solitario rencoroso? Si fue de chico eso, ¿qué no iría a ser de grande? Sólo que desprecié la política, los acomodos, ese arreglo cotidiano que tiende a la transigencia y el buen criterio; no he tenido buen criterio en muchos ángulos de incidencia. He gustado las referencias nobles, no los apaños vergonzozos. Y cuando he sabido verdades vergonzantes no sólo no he callado sino que las grité a las cuatro esquinas. ¿No ve usted lo que pasa todavía? Ahora vengo a saber que Maurice Joly, el autor de *Diálogo en el infierno*, fue atrapado por la policía y luego fuente total de *Los protocolos de los sabios de Sión*. La policia había puesto las manos sobre el gran luchador, sus libros trajinados de modo grosero por esa gentuza. Estos planes secretos del dominio mundial nada tienen que ver con los presuntos autores rusos, salidos del seno de la Ocrana. Esto fue en Constantinopla en el año de 1921, ayer como quien dice, y se sigue diciendo de más de seis autores, entre ellos Ford. El imaginativo, el fabulante tiempo encuentra tales protocolos como un arreglo para el destruir plagiado por estúpidos polizontes. No tuve nunca preocupaciones altruístas pero si piedad por el género humano. ¿Cúal el destino de un genio? Caer en las manos de la policía. ¿Quién induce la estupidez en tales sados? A saber de dónde salen tales reconcomios que te llevarán al abismo; pero salen con furia de todo rincón fétido y el potencial de dirección se estremece. Pasé por el fuego: las drogas, las mujeres endrogadas, el vicio a plenitud, cántaros de alcohol, rebeliones y pendencias; pasé y quemé. Luego me puse a lamerme mis heridas en silencio, repensé a Dios, sufrí otros males. Mi raza es legendaria y si autor es quien amplia las fronteras, querido padre, aquí me tiene usted tratando de salir de mis límites normales y acercarme a usted donde quiera que ande para saludarle con una inusitada caricia de hombros y un insólito beso en la frente.

Carta a... la batahola de la vida

Estoy tan hecho a las sorpresas que hoy mismo me asusto a que me salte delante una noticia sorprendente; ésta, ésta: un individuo no identificado llamó de la división de Instalaciones Públicas de Utah y dijo que deseaba establecer un número telefónico al que la gente pudiera llamar para escuchar él malas palabras, expresiones horrendas y todo género de insultos a su persona, alegando que semejantes servicios existían ya en otros Estados. Las autoridades no han podido encontrar ninguna disposición y en vista de ello pasarán a ponerle su número en la guía, pero un tal Cameron, presidente de la Comisión de Servicios Públicos, está a punto de enloquecer porque todos querrán hacerse insultar en cualquier caso, ¿no? No lo sé, pero parece que el señor Cameron sabe lo que dice y se atiene a ello. No estoy prejuzgando, en todo caso... Brent o Brien, que así se llama el Cameron. Un retículo bien simple que lleva a pensar en los resultados de tal profanación de la individualidad; que es necesario a veces sentirse destruido, perforado, imprevisiblemente hecho leña para comprender que el ser viaja a un no ser deletéreo en busca de una expresión de felicidad. No siempre actuar es conocer y a veces hechos y ficciones se entrelazan de tal modo que una parte de la naturaleza se encanalla mientras la otra ora en el convento. El trasfondo es que siempre tenemos el dedo en el gatillo y nuestras emociones se enmascaran hasta el día en que les cae la careta. De esto sólo nos puede redimir Dios.

He oído decir que uno genera su propio karma. ¿Qué hórrido crimen cometió este terco pobre que ahora le pasa la cuenta con la cuenta del teléfono y el ramillete de desgarros como un oprobio a su perversa personalidad? Escribo esto y me aterro; ¿no puede comprender el ser humano el abismo de podredumbre que lleva dentro si no se aplica a la lujuria del sarcasmo y la contumelia de la fiebre amarilla del alma? Porque hay fiebres negruscas, o verde lento o azulado en precipitación, pero cuando la fiebre amarilla del alma te toma por la mano, no hay tutía. (Me dicen que **tutía** es un remedio que se vendía en boticas de la Edad Media, en apotecas como la del Inca en Buenos Aires, o en una que vi en Lima donde despachaban soles de coca, para el dolor de muelas, a niñas de ocho años.) Ni se inmuta el ser por ello y alguna vez se lo conté a Xul Solar y me dijo: "no dejarse confundir. El hombre es mucho mas bajo de lo que se piensa. Este hombre tenia gran firmeza para la duda y me lo explicaba diciéndome que tenia horóscopos para los diarios por lo menos hasta el año 2,222. Le gustaba mucho este desfile de patitos blancos.

Sería muy significante oir por otro teléfono los esputos que el Oculto (en este caso lleva mayúsculas por otras razones, que el demonio se espanta de tales desvergüenzas) y mientras se escuchase poner un vals o cosa así para medir la desproporción que asalta nuestra vida todas las mañanas, o atardeceres, o sombrías espinacas del alba, con los estores echados para que no nos viese nuestra casa ni siquiera el sufrimiento errante que acompaña la sombra humana: desde una camilla de hospital hasta una rasurada a contrapelo en la mañana de oír misa de seis. Iría siempre a misas paganas, con sátiros sativos aunque fueran poco mármoles de Italia, tranquilos en su camarín de escuchas, gaviotas de confesionarios, y yo pidiendo a toda costa que me muestre la orden de entrar en el cielo. El progreso de la dicha esconde bigote y recelo urbano del otro lado y lanza nuevos denuestos a ese príncipe escarlata de los migitorios. "Más, más caliente, dígame más cosas que ya empiezo a serenarme y eso me lleva, al fin, a un buen morir". Pero como el que califica no oía bien pensó que decía morir y echó el candado a la conversación, colgando enseguida pués no se atrevía a tamaña vileza. Que goce pero que no despeñe entre la niebla y la mierda.

La bataola de la vida es asi. Tanto esperé por enviarte un verdadero derrumbe como éste que te sirvo entre coliflores y belladona. No creas, vida injusta o justa, que sé yo, que me remilga nada de lo que concedes y que me asusto de los patas coloradas y el jubón verde y la manganilla de tus cuevas desmembradas. Todo tirado ando, todo perdido, pero no dejo pasar la ocasión para llamarte perversa putilla que adquieres a bajo costo amantes abominables. Qué es eso del señor Cocorrico, qué buena ventura goce, porque eres diabólica a decir no más y me hiciste ponerme al teléfono, en un momento dado que hubo un cruce y oí esto:

—Hola, canistel de algarabía y despojo, no rechistes ni jeremiques de cobre más que el halo del piojo viaja al relente y todo su silencio en madera dura. ¿Tú estás abierto de noche?

—Y del otro lado:

—Yo no; ¿y tú? Tan lleno de estrecheces durante el día. Me hace falta un desahogo, ¿como te cae?

Ya no pude más y les invoque nombres queridos, si es que me entienden bien porque en últimas he adquirido un acento que no hay quien me soporte. Yat, yat, yat.

Carta al corazón salvaje

Estaba yo en Caracas cuando murió Clarice Lispector. Pocos sabían algo concreto de ella y yo aventuré a decir que se trataba de una gran escritora, nacida en Ucrania, llevada al Brasil a los dos meses de nacida, pero casi siempre fuera de ese país a causa de su matrimonio con un diplomático. Impregnada de las nuevas corrientes del tiempo su obra cuaja en razón del óvulo joyceano y puede agregarse que todo su aliento se traspasó a las letras de aquel país. He visto un retrato de ella y su impresionante fealdad sube de punto comparada con la exquisita belleza de su prosa. La enclaustrada, la silenciosa y activa autora de *Cerca del corazón salvaje* se toma sus revanchas con cierto aire de triunfo. Nadie tal vez lanzó a su rostro un requiebro, pero ¿cuánto mar de letra no ha venido a besar sus pies de reina imaginativa, de constructora laboriosa y liviana en ratos perdidos? Significa todo ello que estamos en deuda siempre ante estos ejemplares de buena conducta literaria y sobre todo de deslumbrante talento para hacer pasadero el tránsito de un mundo a otro: el de un tipo de belleza ante otro tipo de belleza.

He leído algunos cuentos de ella, como ése que se llama "La imitación de la rosa", donde la veo subir como estrella a cielos de tranquilos estremecimientos. Es su técnica. En ella hay cierto anguloso parecido con Guimaraes Rosa, con otros maestros de su país adoptivo. Viaja hacia nubes de amianto y vuelve en busca de un cirio nupcial o cosa así; es grande, espléndida, tierna y triste.

Ahora que encuentro un artículo de Mario Vargas Llosa sobre Corín Tellado me dan ganas de decirle que mire para Clarisa, un poco detenidamente, y se deje de tales mamarrachadas. "Corín Tellado no hace más que metamorfosear en literatura lo que ocurre a su alrededor". Tiene que ver. Un hombre de pésimo gusto cuya lectura -confiesa- se para en la escribidora asturiana. Esta señora María del Socorro, vecina de Roces, en Gijón, separada luego de un matrimonio que no duró sino cuatro años, tiene una residencia con piscina, cancha de tenis y fulbito y un bello jardín, y siendo bajita y simpática se mueve muy bien y sólo va a Gijón cuando muere un obispo. En su casa se pasa bien despachando una novela cada dos días (ha publicado cerca de 3,500) y nadie pone mano para ayudarla. La leyenda del tren de negros a sueldo, cero.

¿Y saben ustedes cómo quedó arrobado por esas letras el señor Vargas Llosa?. Pues porque vio llegar a una chiquilla peruana a París con el maletín lleno de esas novelas. Venía a pasar un año a la Sorbona. ¿Cómo quedar aislada del mundo de su preferencia? Una pornografía tan delectiva también se vende en Londres: un librero no tiene sino este material exquisito en sus estantes. Aquí en Miami son millares sus lectores; y en Bogotá y en todas partes según la especulación de *La ciudad y los perros*. Quisiera, por último, poder hacer ese tipo de trabajo (una cada dos días) y estaría feliz.

En cuanto a su pornografía no es tiempo perdido unas páginas de Cabrera Infante sobre esa autora. Me parece lo mejor que se ha atisbado entre muselinas, pliegues de marineros y escollos vocabulares. Y se queja de la lentitud de sus manos..., de que su pensamiento corre más aprisa que el arte de mecanografiar. Si pudiera, si pudiera, haría una novela de esas en menos de veinticuatro horas, con lo que el res del mundo literario femenino quedaría en bancarrota.

Pobre Clarisa Lispector, con tan buen ajuste sicológico y corazón salvaje. Pobres otras que van en puntillas bordando su prosa y sus pensamientos sin pensar en el champán de la tarde, entre dos luces, a punto de salir para acercarse a la mesa de la cena. Y nada de prosaísmos que amarren a gentes a su lectura por ser simples cáscaras de la vida; la cotidia no toma su valor entre buenas especies **tan transparentes como sus historias**. No más: el señor Mario ha perdido la razón entre sus líos matrimoniales y sus sustos con respecto a Cuba. No hay quien entienda ese elogio y al mismo tiempo se detente premios de más o menos calibre, pero muy rumbosamente dotados.

Todo es pintar como querer alas, hace falta buen ojo.

Sólo le faltó al señor Mario agregar a sus preferencias la obra de otro buen vendedor de gajos envenenados: el vaquero Marcial Lafuente Estefanía, autor por lo menos de dos mil ochocientas ochenta y ocho novelas del oeste, entre ellas no menos de quinientas preferidas por el público de toda América. Este caballero del llano que vive en Arenas de San Pedro, Avila, jamás ha salido de su territorio pero conoce al dedillo todo el territorio americano. Un hombre que confiesa haberse hecho por lo menos ochenta novelas al año, con tantos años de hacer novelas resulta un millonario de la cosa. Veinte mil ciudadanos americanos confiesa que se ha cargado, pero nunca mató dos veces al mismo personaje. Lleva muy bien su cuenta, como la cuenta de los pueblitos y zonas en que se mueven sus bandidos. Las novelas policíacas le gustan menos; menos aún las de amor... pero las ha hecho. ¿Por qué así como así, don Mario no toma esto como buen índice de calidad de un autor? Vaya, ahí tiene el autor que balancea la gloria de Corín Tellado. Ah, y saber que Estefanía es un poco **rojeras**, según hemos leído en un movido reportaje en torno al héroe máximo.

Carta abierta a molleras cerradas

Nunca tuve relaciones con políticos; nunca conocí a Machado, ni a Batista, ni a Grau, ni a Prío, mucho menos por supuesto a Fidel. (Hacia 1923 era repórter en Palacio, mis inicios en el periodismo habanero, y sólo recuerdo haber visto una vez al presidente Zayas.) Jamás me acerqué a pedir nada como no fuera a mis compañeros de periodismo. ¿Qué tuve que ver en las cosas del gobierno? Veintiún años en Maternidad Obrera como representante de la Asociación de Repórters de La Habana, sin que mediase nadie en estas elecciones que hacían cada tres años, que fuese ajeno a mi clase. Sin embargo, el régimen de batista me tuvo fichado pues cuando cayó me llamaron un día para mostrarme el tratamiento que daban a mi conducta altanera. Más tarde, como no me acerqué a los amigos de Fidel, caí también en desgracia. Jamás una línea en **Revolución** ni en ese enredado magazine que llaman **Lunes**. Allí triunfaba un stajanovismo enigmático con puntos dicharacheros de bajo humor. ¿Qué tenía yo que ver con esa gente? ¿Corrí a buscar algo de los predios de Guillén? Absolutamente nada. ¿Y de Portuondo? Mucho menos. Eso era coto cerrado, detonante y áspero; para mis fines, cero. Mis fines no han sido otros que el pensamiento roturador, no la villanía entre cofrades. Mucho teatro, énfasis y ridiculez, y la tosquedad de un Pancho Nota, dictador...

A Carlos Franqui lo conocí en los primeros días de enero, cuando llegó a La Habana desde la Sierra. (Nunca me interesó para nada lo que hacía allá arriba esa turba, ni buena ni mala, sólo turba.) ¿Después? Anduve menospreciando solicitaciones, y fui a mirar el pozo de mi dicha con algún sigilo. Lo encontré negro; me aparté de tanto encantamiento. A partir de esto: rechazo, sentido ignoto de mi conducción de escritor y solamente escritor. He dejado mis pestañas sobre libros y más libros; no he resuelto nunca la agonía de mi alma y el razonamiento de mi corazón, ¿qué puedo decir? Quien razona con el corazón mejor que calle. Sentimientos de odio no tengo sino contra uno solo: el adversario que llevo dentro. Me desplaza, me pone en contra de unos y de todos. Soy un radical, en el sentido profundo del término, libre; no voy en recuas, no quiero que nadie me gobierne; hasta el final de mis días soy persona hecha de una sola pieza. Nada de dúctil ni de fláccido. Ese mandarín, ese bárbaro que huele mal, ¿va a ser eterno? Maldigo la hora aciaga del asalto a no sé qué, porque no llevo cuenta de estas desdichas en detalle; en volumen maldigo la correlación de dolor y pena que han echado en nuestros corazones los bárbaricos sujetos que imponen su voluntad en todo tiempo, en uno y otro espacio: el vital, el emocional, el espectral, que espectros somos. En medio de tanta mugre, hice lo que pude, ¿cómo qué? Huyéndole a lo guarro, apolillado y envejecido por el uso y el maltrato del abuso. ¿Querrían decirme algunos si me vieron tras de rutas situacionales? Pasé catorce años esperando salir del país; llegué a Madrid sin un nickel. Allí, veinte meses de la ceca a la meca, como Dios dispuso y no podía entrar a los Estados Unidos porque estuve en China, en Checoslovaquia y de paso a Moscú. Yo les decía a la gente de la embajada en Madrid: ¿y qué he hecho yo? ¿He sido miembro de algún partido en Cuba? Bueno; no; pero ese viaje... Yo contestaba: ¿y los periodistas americanos no van a todas partes y nadie los molesta después en su país de origen? Es más: ¿no están llenas las universidades americanas de sujetos francamente entregados al Partido que pasan por intelectuales? Ellos contestaban: son cosas de Washington. Veinte meses se dice pronto pero hay que ver cómo se pasan. Me fui a Caracas, a trabajar en algún diario, en radio, en televisión. Eso hice por un año en gran medida. Me llamaban a dar conferencias, me hacían entrevistas, publicaba donde quería. Nadie jamás me molestó; al contrario. Cuando un buen día me llamaron del consulado americano y me comunicaron: tiene usted que viajar ya, mis amigos dijeron: pero ¿cómo va a ser, cómo se le ocurre? Yo no tenía un solo documento ni esas engorrosas placas del pulmón, del corazón, del hígado o del aliento que suelen pedirse; todo ello quedó en Madrid. Insitían: díganos cuándo quiere viajar; fije una fecha. Yo marco un después para arreglar las cosas, mis contactos de trabajo. Mi mujer me urgía: estaba loca por ver a sus hijos, sus nietos, que han nacido todos en los Estados Unidos. (Mi mujer sí era residente..., pero no pudo nunca llevarme a esa situación a pesar de ello.) En fin, vine a Miami, hace cosa de cuatro años, y sigo con mi documento de no sé qué. (He solicitado la residencia, cumplí los encargos, los pedimentos... y hasta el día de hoy.) ¿Qué pasa conmigo? ¿Qué delito he cometido? ¿Qué cosa soy ahora? No tengo pretensiones de viajar, pero ¿cómo concebirlo sin documento? Si fuera para irme definitivamente del país no me haría falta, pero no es ese el caso. Mis años crecen, mi movilidad se limita. ¿A qué estoy condenado? ¿Por que me hicieron venir, me facilitaron la entrada, y me proporcionaron esa trampita para tenerme cogido como un paria? A veces me dan ganas de escribir un ensayo de simulación de la demencia precoz a ver si ésta me da resultado. Pero ese texto está escrito y no vale la pena reduplicar las facetas detonantes, que se vea en esta coda que he agregado para satisfacción de los menesterosos de noticias.

Al cartógrafo de las letras
22 de octubre de 1982

¿Por qué estas líneas me han tenido preocupado toda la mañana? ¿Es preciso que sepamos el verdadero estado de salud de un hombre que ha sufrido prisión larguísima y luego fortísimas impresiones a la hora de salir de su tumba? Porque de eso se trata; de un muerto vivo que deja detrás su larga familia que espera un día salir también a la luz. Por sórdida que sea la cuestión del fidelismo y sus trapatiestas para enfrentar el destino público, esto de la libertad de Valladares tiene trasfondo de larga colimasión. Muchos reflejos, muchas luces opacas, un espectral contexto y para soldar una realidad con otra, ahí tenemos el Premio Nobel destinado desde hace algún tiempo a García Márquez, pero hecho realidad en este preciso instante en razón de algún misterio ontológico.

Ni es bueno pensar que García Márquez dejase de chalanear esta libertad como tantas otras, ni tampoco que los amigos franceses dejasen el cabo suelto en busca de un golpe efectista. ¿Por qué se le da el premio? Porque es comunista -contesta la gente. Sí, también lleva agua el molino de otras verdades entrevistas. El polo positivo es que tiene el cetro en la mano, el cetro que pudo ser de otros cuyos nombres son tantos.

A mí me han preguntado ahora mismo si considero que está bién dado. Me parece que sería bueno responder: bien dado pero mal elegido. Porque todo esto es comprometedor para el dador y resta méritos a la obra. Una academia que funciona públicamente negando acceder a todo otro solicitante en América por razones extraliterarias se descalifica por la base. No seamos ingenuos: el Nobel está de capa caída pero todos quisieran el Nobel.

La perfección de estas falacias se transfiere por los conductos políticos. Yo escribiría una carta a Estocolmo para anunciarles que no hagan mucho caso al protocolo: ya García Márquez anuncia que irá en guayabera a recibir el homenaje de la entrega de plata, la cual ha ofrecido para un parque no sé dónde, una columna a la guayaba (en el sentido cubano de mentira, que él conoce muy bien) y otras podredumbres pertenecientes al género dicharachero que le es habitual desde el día que nació en Macondo.

Método para salir de apuros: bocavulosauro. Hay que mirar el texto de Robert Escarpit para comprender las fugas de los adverbios, los adjetivos y la vida política se vió alterada; la literaria importó poco, esa subyace, se esconde como el río Guayaguateje (que dice eso: y él lo sabe) y luego reaparece tan campante. Todos hemos dicho: no golpee las palabras para convencer hasta que recordé de una tarde que hablando en Buenos Aires con el vizconde de Lescano Tegui (que no era nada sino dentista) sobre el valor de las cosas, me dijo: "lea usted mi libro *De la elegancia mientras se duerme*, que allí estoy de cuerpo presente". Se anticipaba: tuvo que esperar hasta el 1966 para ir en busca de su vaticinio. Me impresiona mucho que no le hubiesen dado a él el reconocimiento codiciado por el pobre Emilio, hombre gentil que miraba con gran simpatía el aspecto alegre de la vida. Su cortés entusiasmo lo llevaba a no sacar muelas ni dientes a nadie; le parecía feo. Su trabajo era, por decirlo todo, de mecánico dental y le iba a maravillas.

Todos los dioses relegados asustan, pero la palabra más, tanto como diosa y si pierde un estamento produce el vacío. Eso es lo que se ve en el fondo de suculentas prosas manejadas por supuestos mutantes, gente que cae en oración y bate escudillas de plomo en busca de caminos originales. ¿Qué les sale? Bodrios, bodrios. Pero me ausento, tomo el volante y parto hacia regiones de gramática sin poliomielitis, ni bartados de sílabas inconcretas. Esos arristrancos me inclinan a la piedad y me digo, unas veces por muy calvos y otras por letras pelucas. Es lo que se deduce pasaría si pudiéramos encontrarnos con diarios a los cuales faltan buenos trozos de titulares, sumarios, y más tarde visitando bibliotecas de libros que tuvieran todas sus páginas en blanco. ¿Qué será ésto? Ni siquiera las grandes colecciones de los poetas franceses ni de los cuentistas escandinavos ni de los filósofos australianos ni, por supuesto, la gran escuela de Alejandría hubiera respuesta. ¿Qué hubo pasado? Todo este sueño hasta la extinción y fuga a otro planeta también le está destinado a estos musulungos que andan en bretes cotidianos con los ricitos a flote.

El premio se lo han dado al que acaba de salir de su prisión; del autor premiado no quedará (como de tantos y tantosotros) ni el olor de la guayaba. Y ahora que supe que tenemos por ahí un whiskey que no contiene ni trosamina (que es lo que produce el invencible can... ciller), le daremos duro hasta podernos defecar en el árabe ese, natural de Macongo según me cuentan, y próximo mandatario o algo así de los países de Tierras Calientes.

Quien maneja las cartas de viaje por donde guiarse los escritores es el cartógrafo más grande del mundo. Todo está vacío de contenido moral o estético mientras no llega el hombre de pluma y le pone rabo al movimiento. El poeta Valladares no tiene apenas inspiración, García Márquez no creo que mucho más, pero aquí el baile sigue por otros parámetros.

Oso polar mata a cubano en New York muy amigo de libros y de soledades, publican el martes 28; ahora debía decir El Herald: Poeta cubano mata a novelista en Estocolmo. Para la historia de las similitudes dejo constancia que es incongruente. Este adefesio que construyo para los entretenidos del tiempo más allá de almuerzos, comidas, saraos y bailes que se nos aproximan, explico en silencio.

Carta de batalla

Insipiente caballero: confundí un libro de Koestler titulado *Labradores en la noche* con un título de Knov que se llama *Labores en la noche*. Es casi lo mismo y para lo que necesita el cuarteto de cuerdas, ¿qué diferencia hay entre esta serenata y majarete? Contrincantes, tal vez, pero otra cosa no creo que haya necesidad de situarse mejor. Y lo de siempre: mi tartamudez intelectual echó a un rincón eso que titulé como quise, y usted ni pío. ¿Por qué no me dijo algo, un golpe de teléfono?, cosa que me pusiese en juicio y razón, aunque nos mantegamos de costa a costa. Y conste que el modo de señalar es puramente gratuito porque aquí, de costa a costa no escribe nadie ya que no hay diario que lo publique. (Esto quiere decir ser extenso, un poco menos que intenso y por lo demás como Dios le dio a entender a uno, y no razones del corazón o del intelecto que a veces se van al diablo entre línea y línea.)
    Bueno, pues a lo que iba y era el módulo de la letra impresa ccmo cuestión de lentitud: la letra no camina al paso de los tiempos y es posible que ya un día dejemos de usar alfabetos o signos convencionales o términos parecidos para entendernos y comunicarnos. Signos de otra especie andan rodando por ahí. Tarzanes de la noticia caminan a paso de batalla y explican que tanto tiempo perdido es mala estrategia. Yo veo, mi sapiente amigo, un algo que debíamos conjurar para que acabe de aparecer y nos dejen tranquilos con los sustos de rigor.
    Ah -pero me dirá usted- ¿y entonces dónde el encanto de la lectura, el arte de descifrar los pensamientos?
    -En ninguna parte: vamos a entrar a otro vericueto más

límpido y más tierno para todos. En la región del agua avara y el aire retenido.

¿Sabe usted cómo se llama eso? Construir el tiempo en cápsulas... y si se ofrece hasta los palominos que se hacen en las veste de los santos con tanta incuria como dominan la tierra.

Allá me iría yo, recuerdo que he pensado tantas veces, puesto que me veo y me deseo; salir de estos apurillos me da un coraje. Bulimia, bulimia de conocimiento del corazón humano, de las entablilladas experiencias; siempre el detonador de la dicha fundido, el alambre de la esperanza cortado a rente; siempre si me río, si no me río, de cuanto me tiene pasado, cuanto me pesa y cuanto amenaza todavía, en la linde la vida, pasarme sin piedad. Lo vital saltando como bibijaguas en la noche, en medio del campo estéril, cadena de atropellante devastación, sin que podamos interferir lo ridículo en esa baileta de ciegos. ¿Dónde la confidencia? ¿El labio para el beso? ¿La atroz manía de dar la mano? ¿En qué momento el estallido que nos saque de la humillación y el silencio? Hace tiempo declaré la guerra a la tontería entronizada, lo que me ha llevado al borde de la agonía. Estando ahora en una tierra en que todos somos iguales, ¿cómo hago para desigualarme de modo no muy notorio? ¿Es singular que mi alimento, que a veces son páginas de viejos libracos que adoro, sea tan casto como ese plato de alimento que la munificencia pública me acerca por veredas muy concurridas? No diré nada contra el régimen porque yo no puse ni una para que a estas horas me mantegan y cuiden de mi salud, pero me gustaría que alguien me apreciara, porque a estos 80 años que acabo de cumplir y que cargo con ciertas dificultades, algunos días no dan para más.

Llegan noticias de que en esta Noche Buena, o la próxima, o la más aérea de esas noches la pasaremos junto al fogón de la infancia: yo en mi territorio de mosquito despierto, tú no sé dónde; tal vez en las telarañas de una ilusión. Pero eso no llega; ni nadie tiene suficientes llaves para abrirnos un camino de esperanza. Me entrego a soliloquios nada augurales, en el mejor sentido del término, sino simplemente necrofílico, entre el hueso y la piel, como quien dice el borde del borde y la convalecencia por ninguna parte. Me harto de oír paternales consuelos -cosa que no está mal a mi edad, que podría darnos ese abuelo sólo que en otras materias- y la mano de la historia me señale el destino de todos los desterrados, los que se mueren por años, los que luchan y enloquecen, los más felices que no piensan sino en su asuntillo de pan llevar, pero yo no estoy sino en la vía del Calatraveño. También diría cualquiera que me hubiese pasado igual en todo lugar y momento, ya que uno, después de todo, aunque ande con arreos prestados no lleva mucha prestancia a la hora de ceñir armas. -No es verdad -debo decir- lo que sucede... ¡Qué alternativa!

Y ya no dije más.

Mi carta de batalla se cruza de brazos y lanza suspiros.

Ejércitos en el emirato de Bojara, otros ejércitos mandados por valientes ignorantes, ¿y todo para qué? Dar la mano creo que decía en la antiguedad: mira, no estoy armado; te saludo nada más. Puede ser. En este caso la atroz manía se convierte en atroz idiotez puesto que nadie tiene la menor intención de molestarse en ponerle un par de banderillas a un toro que viene empitonado, revestido de acero, y se llama Miura su ganadería. ¿O a qué va el tonto? El inspirado, el loco, el vate, que venga y nos cuente algo más pasajero o divertido. Me voy a la feria de las flores. Que yo trabajo con el azar y el azar es mi aliado. Y el absurdo funciona también como llave maestra de soluciones. Otra irreprimible alternación para la razón delirante.

A un manuscrito

Nada que decir que no haya dicho todo autor empobrecido por su destino; no por su oficio; a mí se me hace que estar en el último escalón de los aspirantes es decir de los que se conforman con el desacato que es en definitiva lo que merece tener el hombre de arte, cualquiera que sea la actividad de su pensamiento. De cerebro poco sé, y no creo que debe reclamárseme mucho: él sirve a veces para crearnos una sobredosis de vanidad, y conste que no lanzo este manuscrito al de un autor difunto por pura discreción puesto que ya conformo esa capacidad de silencio y apostasia que concita el recién estrenado cadáver. Mañana, pasado, siempre es temprano para empezar el largo calvario de los olvidos y las penurias del desconocimiento, pero el manuscrito está intacto, intonso, intemporal por otras razones y a ello me acojo ahora para decir las cuatro cosillas que suelo rumiar en días de indecisión protoagónica. Vacilo entre luces y me digo que las sambras serán mayores a medida que el tiempo entrecruce su vasto abanico de búhos. El, por supuesto, tiende redes frágiles pero el parpadeo de los días rompe todo; los días domestican azores y águilas en tanto la caza mayor la hacen aquellos que tuvieron el buen acierto de lanzarse a cacerías metafísicas. Yo no entiendo de eso, y el odioso manuscrito sobado y más sobado, allí se está mirando la caída de otras hojas que le harán cuna a él, hecho de medias hojas borrosas, escritas con tinta simpática, entrecruzados guilloquios y un vaivén de rancho campestre más allá de todo encubrimiento. Esos ranchos que fueron la atracción de mi juventud, cuando anduve por Cruces, haciéndome cruces y develando el hecho simbólico de tales cruzamientos soporíferos la par que indignos. ¿Por qué aquellos solos, aquellas mitras, los altavoces del cogollo de la caña que decía triunfal caída, avergonzamiento, destrucción? De allí solíamos salir destronados, cepas al aire, y lo que se iba fabricando en nuestro interior signado a contraluz. Los guilloquios me dieron ánimo para seguir y de ahí salté a las pasavolantes menospreciando incomprensiones que duran. Todavía no veo la calle maestra, la calle real de la verdad sino todos los perfiles acólitos de ese que llamábamos la guardarraya. No tuve tiempo de comprender a fondo que la guardarraya suponía no la dirección firme y segura sino la más alta y calatraveña ruta del sembrador. Sembrar, despojar a los vecinos, irritar a los enfermos, aporcar ¿y qué mejor obra de un labriego como yo? Nuestra indefensión, lo abalandronado del carácter y un fuerte énfasis para remachar con hachas y no martillos los enclaves asumidos nos hicieron infieles e inhábiles. Así va el manuscrito poniéndose correajes de albañal, tiernas esposas que le llevan a la mudez. No encuentro manera de seguirlo si no lo insulto un poco cargado de eutraperlia y de improperios como todo lo que se hace movido por el riñón del coraje que nos aguanta. ¿Tendré que decir lo que llevo escrito en él a la vista del despepitamiento de tanta gente a la busca de un dinerillo premiatorio? Uno se amodorra con lecturas de este jaez, con naves empavesadas para contar las cuatro pataras que se conocen de un temperamento (y no las mejores, por supuesto) en busca de la lumbre que promete alumbrarnos. Me digo, manuscrito que pasarás a oscuros desvanes a plantel de inválidos, que lo peor de esta vida es no decidir de pronto su poco valor y jugárselo uno a lo que salga. Un tomo gordo se podría confeccionar con las prosapias y las simbologías que se le acreditan a un ser simpático, inteligente y amable, pero en ningún extremo acosado de preocupaciones morales o cosa por el estilo. ¡Pobre empenachado con fáciles morriones de tres al cuarto! Yo me confieso incapaz de una línea en esa dirección si bien desperdicio un anecdotario variopinto y canallita que llenaría de buen humor la fuerte resistencia del muerto. Como aquellos amores tan vivos, con cantantes, con loconas de tronío y aquellos ruidosos coteles de champán del Floridita, que eso sí era un trato de contento y alegría de vivir, sin marqueses de mérito ni militares que pudiesen obstaculizar el camino de Damasco. La documentación paralela le venía floja, como le venía floja toda aquella cohorte presidida por algunos magistrados que le llevaban a remitirse a cualquier especie de locura, y no más. Yo oí alguna vez el curioso Vocabulario de ese maestro del buen humor cubano, que fue lo que fue en todo el sentido de la frase, su vida aguijoneaba entre deberes grotescos y el amor por una vida libre y bien llevada. ¡Qué difterias morales tuvo que padecer! A su lado unos curitas, a su vera un tal Huevo pasándole notas de erudición, y de vez en cuando (cuando al parodiar salvó) aquellos decires cautivos que salían a flote en petit comité. Miro para el manuscrito que se engordaría con esta nota que ahora no se puede publicar y con otras que están flotando por ahí. Haría las delicias de los incumnentes.

Y cierro, cierro, que el apañamiento no da para tanto: siga el documental de la requisitoria viviendo de sus jugos interiores mientras yo pienso en que hay otros míos por ahí, metidos en rincones, tal vez dispuestos como extrañas papeletas de empeño, hasta alguno subido a castillete misterioso como éste que vislumbro por allá lejos. Es una carta de una amiga a punto de sucidarse: no lo hizo, para bien de su alma, pero dio unas razones que autorizaban su final. Moraleja: cuidarse de lo que riega el viento y va a dar a veces a manos pecadoras, al resisterio de este bendito sol. Al mundo del cran, de la muesca para imponer el tono crasicaulo de lo muy espeso, talludo, irresistiblemente despreciable en varias direcciones.

Carta Blanca

Cuando uno mira que tanto escritor honrado deja en sus notas o recordatorios el trazo sobre el alcohol, las drogas o cosa semejante, comprende lo que sucede: el amor a su trabajo, a la emocionante elaboración de sus asuntos. Ni un Frazer, ni un Jung, ni un Levy-Bruhl necesitan estimulantes para crear. Trabajan sobre materiales curiosamente instalados a la mano sin que la imaginación ponga nada en el asunto. Pero el lazo con lo huidizo se llama de otro modo y de otro modo hay que lanzarlo sobre la impensada pieza. Se va, se escabulle, la mano no da más y de pronto el rumbo del descuido lo atrapa: es necesario lanzarse a un desquiciamiento de las facultades a fin de producir ese impacto ineludible entre razón y desorden. Por ese camino se acaba en el sanatorio o el sepulcro bien pronto.

Pero estos sacrificios nadie los tiene en cuenta. Yo pongo a estas líneas un titulillo simbólico; no quiere herir a nadie mi juicio pero sería necesario esta voltereta para domeñar parejas disímiles. Y él no se siente monstruo; adelante, gladiador contra ti mismo, tu faena es tu vida y no hacerla es morir a pedazos en la melancolía de las ceremonias íntimas. De rodillas, capitán; de rodillas, generales; viene el aire dorado a ponerte de pie y te encuentra hecho añicos. Ponte de pie para morir pues tu trabajo no lleva más que andas hacia la muerte y los pretorios blanquecinos te saludan.

Bebamos una carta blanca en homenaje a este difícil camino que todas las mañanas se hace más difícil, así estemos en vísperas de no temer más mañanas fulgurantes. ¿Y la obra? ¿Pero es que necesita el escritor seguir escribiendo a roso y velloso? Es oficio de difuntos, es mecánica de cadáveres, los trompos de la ultravida y cuando menos un topacio de esmeril para tronchar uvas de aire misterioso. El uva... se llama Ubaldo, y ya no podrá magnificar su caída.

Blandir el glande del esfuerzo es tarea que no se acaba nunca. ¿Quién nos mandó meternos en estos andurriales que no llevan a parte alguna? Bebería ahora mismo una carta blanca, de cualquier marca, pero que me ponga en situación de terminar las cuatro pataras que se me ocurren al atardecer, entre vivas a los muertos y muertes a los vivos. Yo no creo mucho en nada predestinado, pero me encariño con los rumbos del aura matinal, con las gárgolas del anafe que viste la pobreza, los peñascos irritantes del denuedo, el paraíso perdido de la buena idea ultrajada por la necesidad de desflorar ideas, lo que ya es imposible, y no se acaba de entender. Más que ideas lo que necesitamos son fórmulas mágicas, cábalas de adoquín, el estrellado de unos anises superficiales. ¡Oh, los anises!

Siempre estoy celebrando las bodas de papel con el papel; pero no esas efímeras de un año sino de todos los años, hasta el año dos mil, por ejemplo, en que ya debo jubilarme con solemne jubileo, tracas y matracas, los países del tercer mundo y algún rezago de la Edad Media. Esas gentes iletradas de Africa no me asustan; yo no escribo para ellos, de momento. Llegará un día en que podamos establecer cuestiones de intimidad entre unos y otros, en tanto suban sus crenchas y bajen las nuestras, cosa que puede suceder en minutos. El papel arde no sé a qué grados de calor o cosa parecida (esta materia está tocada brillantemente) ¿es necesario decirlo?, por el que mueve las calderas de Pedro Botero, y a partir de ahí todo es plagio. Pronto me oirán caminar en esa dirección: el plagio silencioso para que arda el mundo. Las ideas de Shumpeter en ese sentido me gustan mucho, como que no las entiendo para nada, sólo que están resueltas de modo brillante y tomo un pedazo de papel y las retengo para ustedes. Pues el iletrado también masca papel y se beneficia de esos jugos de la inteligencia o la bravuconería o el desparpajo o la tan traída y llevada falta de ignorancia para reponer un estamento que se debilita por minutos, en horas, Dios, Dios mío, en que el saber de nada te sirve. Términos órficos no tengo a mano puesto que ya me subí al nogal y no sé cómo bajaré sin la dificultad por carecer de bigotes pero mejorando mis bigotes postizos, los de trabajar en domingo por la mañana, en vez de irme por unas compuertas bien compuestas como las clásicas de todos los cocheros de mis buenos tiempos, en apoderación de un ginúa. ¿No conoceis el término? ¿No os da de pronto el olor magnífico de ese producto hecho con las bayas del enebro? Un culo de lámpara remataría de momento todo este introito al estudio de la literatura de papelorio, en forma de flámulas benignas, o de pitillos ensangrentados con imágenes detonantes, los carobarojas del oporto a media mañana y no sé por qué opuse a mi rigor académico esa travesura para festejar a don Ricardo en su biblioteca de momias, grimorios, balduques cifrados, teclas dentales que descuidan el vals del consorte perdido. La casa de papel destroza el "no se caerá jamás"; el pensadógrafo inutiliza muchas conjeturas, porque para eso se inventó, pero yo me atengo a mi inventiva, escurro la copa y me lanzo a descifrar misterios aglutinados por tanta estraza, por tanta caligrafía de desgano y los insolentes, los arrítmicos pases de muleta que nos ofrece el destino, alhaja de don Gregorio Corrochano o de las minas de oro de no sé dónde, sitio en que pudo olvidar todas sus contradicciones con los toreros de su tiempo. (Este fue el tema que dijo el pobre Hemingway: de toros, nada; diga usted a ese banderillerito que le acompaña y le lleva el coperio con urgencia, que él sabe menos que cualquiera. ¿Cómo elige, maestro?)

    El año de la bodas de papel con el papel ¿qué confianzas son esas? *Corinto y oro* ¿quién sería?, pues quien fuera podría agregar algunas cachufletas para la gloriosa ignorancia del periodista americano.

Carta al cartero

Por fin me decido a enmendar la plana de mi naturaleza en los libros y en el papel de oficio y en los truculentos perfiles del enjuiciamiento a mi persona; es decir, me adivino entre luces y marasmos y me río de todas esas ramas de abrojos que me endulzan las quemas del tiempo. No soy sino lo que fui y menos lo que quise ser; pues no llegué a la nada de mi inferior condición sino después de raer en el frontispicio del desdén y el vilipendio.

Entre las cartas que tú me entregas, querido cartero, llegan algunas confundidas y un tanto llenas de adversa dirección. Quien pone un número, quien otro, y hasta alguien con idea de la eternidad, lo que dura tan poco, infieren a mi persona desagravio como decirme doctor, yo que ni siquiera soy docto. Y si no pudiera rebasar este punto muerto no me sentiría vivo en los umbrales de la despedida. Puentes son todos los baches del camino pues abismos nos confunden y contienen. A todo hemos dicho no menos a lo que era posible; lo imposible sí está en la sangre del desesperado para hacerlo tolerante y meticuloso al fin, que eso es el hallazgo del cadáver del miedo.

Andando un día por La Habana vieja se me acercó un amigo tan envejecido que parecía un vuelto joven del revés. Verme y decirme que teníamos que hablar fue uno y lo mismo. Para desangrar la vena hinchada y como la vida es dialógica me puse a tiro y él se rió de mis primeras palabras. Qué calor, no hay quien aguante. Eran los buenos tiempos del trabalenguas: no sabe usted -me dijo- que yo creí que usted se llamaba de apellido Laborator, cosa que me confundió puesto que jamás lo he visto trabajando. Pues no señor, aunque sí trabajo y mucho, ese no es mi apellido. Ah, quién sabe lo que hay después de todo detrás de las palabras. Me pareció tan filosófico ver roto este enlace que me encontré prisionero de mi destino especular.

—Jacobo -le conté- a mí me han llamado de otros modos y siempre exactos: me ponen en algunas invitaciones para no sé qué Labrador Rhíe -lo que me hace suspirar- y otras Henry Sangrador, lo que me vuelve triste pues no me hubiese gustado jamás serlo ni en romance.

Ahora que todo eso está tan lejos he pasado a nuevo estado y de vez en cuando recibo cartas donde me llaman el Mr. Rubic, nombre del inventor del cubo mágico y la serpiente milagrosa. No oigo de ese oído pues no se me da la cuadratura del círculo al punto que prefiero ser sombra eterna que luz de sol obligadamente con horas de salida y puesta. Y me asombro de la chusca calidad humana cuando he oído que al Papa le perforaron el sacro. Todo lo cual me pareció cosa de pésimo gusto y no me atreví a referir la historia de que a Dosier le capturaron en medio de la batahola su dossier, lo cual es esperpéntico por los cuatro costados. Arpa de ciego, mogallón de fierro. Y yo que me cuento entre los 23 mil especialistas que nos dedicamos a escribir libros sin éxito, ¿qué más me da pensar en los engaños del éxito, del bueno y del malo, así sea entre alternativas de abrigo y desamparo? Esto lo retengo porque he recibido cartas como ésta de cuatro líneas: "Usted es el hombre más vacío del mundo, está lleno de oscuridad". O bien: "No se crea tan santo, mire para su asesino con esa sonrisa de payaso..." Estoy muy contento desde que sé que Gallup investiga el más allá. En un país donde el quince y medio por ciento de sus ciudadanos han pasado por experiencias de encontrarse en un túnel de luz sin el menor sentido del viaje. Y según cuentan tendremos ahorita en tablas resplandecientes el pensamiento. ¿Qué es ello? Auxilios nucleares en busca de la verdad y de la mentira. No habrá lugar para la imaginación tampoco.

Cuando fui joven me gustó correr mi país de un extremo a otro; en viejos caballos, en trenes desvencijados, en guaguas horrorosas, a pie y de pronto me detenía para ver paisajes, para mirar horizontes, y el más allá lejos, el mar azul que va tan lejos (es metáfora de mi juventud que publiqué en algún periódico de los que se usaban entonces). Puesto que ese mar ya va a pocas partes me limito a dejarlo en metáfora y basta. De esos trajines me sacaba la urgencia de vivir pero yo me apuntaba en cualquier recodo de mi corazón la fragancia, la belleza que había vivido. Así me pasó en el Hoyo de Manica. Conocidos por todos en vista del buen tabaco que había, a pesar de tener competidores tan grandes como el Hoyo de Montez, mi preferencia era para él puesto que esta especie de morfina celeste me adormecía cabe a sus vegas. Las miré siempre con gran cariño. Tantas vueltas le di en mi cabeza que de esta hendidura en el terreno le venía su fama que tuve siempre en mientes que no todo lo caedizo goza mala fama. Tal vez los sentimientos menores, los apenas pensamientos, afloran y conmueven.

Habré fumado media rueda de tabacos a lo largo de toda mi vida, pero la idea del cuidado y atención a la hora me impresionó bastante. No se trata casi de un servicio sedoso y delicado desde el día en que aparece en postura y se presenta más tarde en ruedas y aroma. Cuántos cuidados, cuántas astucias para que se logre y no se marchite ni ahoje ni pierda vigor ni pierda finura.

Querido cartero: yo más bien debí llamarme lazrador, el que sufre lacerías y trabajos sin fin, el pordiosero de infinitos, el ánima en pena de la virginidad espiritual; y enriquecer por ser enrique la misteriosa raza de los caídos y raídos, quienes a tiempo tomaron el lazrar como ente y no entelequia; valiente y vacilante gente despierta, montaraz y atosigada, broncos y empenachados de tiroles de estiércol, voy a entrar en pelea, me retiro a mis cuarteles emporcados, vacío el estómago, hago convites con mirringas de nada; todo saliendo y entrando en pesadillas; compostura de veintisiete notas y el resto arreglos pendulares para una sinfonía conclusa de mala fe y mala leche; por estrépitos del viento deshonesto, el lazrador de moléculas anhelosas, por Dios, no más que me desvanezco y a los dos minutos fiero y feliz, fético y perfumado, dando vueltas a la pipiritaña del final.

Carta al viento de cuaresma

Estoy cansándome de ver el oscuro viento de cuaresma hacer contra mí algunas travesuras todos los días del año y me pregunto cuándo cesará de trabajar tan empeñosamente sin darse cuenta que ya la cuaresma no está presente. Pero es así de caprichoso que me pone en aprietos y me pregunto si este viento es más inteligente que yo o por simple enredo de su contabilidad es que me martiriza pues seguro que todos saben que bien endurece el ánimo cierta cantidad de albedrío para modificarte el sacrificio. El viento de cuaresma -yo no lo había notado tampoco- está hecho de un cierto tegumento inadvertible a simple vista, pero ese estar tan especioso como aire de recinto hospitalario deduce una cuantividad nada común. No es el viento de cuaresma un fenómeno atmosférico coincidente con esos días de anticipación a un rito mayor -el mayor rito de toda la cristiandad si me apuro un poco- y por lo mismo encuadrado en límites expresos. Pero el viento de cuaresma que me saco a veces de un bolsillo de mi chamarreya por un descuido me lo he dejado en el bolsillo superior de ella, y de pronto, sin saber cómo está emperifollado en la bocamanga de la camiseta elástica que me pongo para aliviar en algo los dolores reumáticos a que me conduce mi estado de salud, a causa de los muchos años cumplidos que llevo y algunos otros que omito. De todos modos necesito que se entere usted, vientecillo pendejo, de todo el mal que me hace especialmente cuando se dedica al juguetón, sabroso y alterante tono que ha tomado como causa de la empresa vital Enrique-viento de cuaresma. No sería mejor seguir en paz y compañía, yo ardoroso, tú incoloro, y en una de esas haríamos de morir los dos en paz. Pero dejaría de ser fantasma —me pareció oírle- pues que también yo juego a lo mío en ventaja. No comprendí, claro está, y olvido los términos de su arreglo que podía ser la muestra de su doble naturaleza cabriolante o enjuta a más no poder.

Me extiendo y me complico pero suturo esta indelicadeza y te digo que es preciso que retires pretensiones untuosas a estas alturas del café de petróleo negro, en tales circunstancias nos hallamos. Pues es sabido que hay por lo menos mil productos más sucedáneos, entre ellos tabaco y filetes, de procedencia golfo pérsico, si es que llegamos allá. De donde surgen mis pesares pues tú, viento de cuaresma, estás al cabo de saber todas las cosas y cómo vamos a entender que ésta se te escape.

Los cochecitos de los bebés pasan por las aceras de mi barrio y yo miro con pasión a esos niños que tu abates con tu aire maléfico. Alguna vez me parecieron vellocinos de oro con su carga celestial pero ahora todo se trasmuta y brisomallón desaparece. Tu aire constante que goza de fama siniestra como lo es descomponer la mente del débil mental, imprimir violencia a los lentos de pensamiento y la mayor parte de estas cartas nada faltas de juicio ¿de pronto no se conjuran y vuelven maléficas o protervas? Viento de cuaresma que dura de año en año, ¿a qué se debe tu postulación satánica? Vendeta de parsiflora, oración de la mañana a la noche, vagas de horrible a nauseabundo y enfloras el tridente de Neptuno para beneficio de parichelas siniestras. ¿Debo decir que tengo preferencia por auscultar tu caída? Espero tu blanco desfallecimiento una tarde de estas mientras intentas decapitar flores que te resisten, cabezas tercas que no ceden a tu imperio. Porque este viento de cuaresma ha jugado un lindo pase de muleta con asuntos dependientes del correo, a saber: se publicó anuncio en los diarios de un respetable hospital que ofrecía servicios gratuitos a todos cuantos enviasen un modelo lleno con cierto cuidado y que se refería a la detección del cáncer del intestino. Usaron con dispendio las rayas discursivas; se perdió la mesura. ¿Qué pasó? Tres días higienizando el departamento; como en épocas se gritó: no se muevan que hace olita; no se da pie ya. Este relapso histérico condujo a la otra pregunta: ¿quién pagó? Nadie tuvo correo en días sucesivos; todo se ocultó pero el mismo viento que hizo el dislate lo puso en conocimiento del perjudicado. (Tal vez ahí perdí yo alguna carta de misteriosos seres que sólo escriben cuando están dormidos.) Vamos a saber algo tan bueno como lo del burro regalado al Papa. Ese caballero flimenense que está en huelga de hambre bajo las arcadas de San Pedro, ¿qué pretende? Que se traiga enseguida la prenda de su desvelo y Su Santidad alega que no es cuantificable el precio de embarque; que ese dinero estaría bien dárselo a los pobres. Y agregó un tanto oscuramente: y tal vez quisieran venir otros más. Viento de cuaresma; época cercana al apocalipsis del buen juicio, cosa ya en marcha y por cierto muy velozmente.

¿Fenómenos extraños? Todo tiende a circuir la sorpresa, el atropello de la razón, el candombeo del desastre, esas paraplejias, esas anomalías de café concierto descifradas ante dos copas, ah, el entrejuego entreguista, los tiempos, el final de los tiempos, los tiempos venideros, la temporalidad, el emporio de la tramontana y de la trapatiesta, todas las letras de mi máquina de escribir encaramilladas en el fonógrafo inhalante: auxilio, auxilio, auxilio...

Visiones: ayer no más ayer... Si tuviera tiempo y humor escribiría una carta a la virginidad de las cartas que nadie podrá leer sino así, entre virginales aspas, revuelos de gallo feliz, la autopsia de la cordura y un buen tiento a la copa de veleidoso aire que sutiliza mente y corazón, oh peregrino que pasas por las revistas y no te encanallas.

Al sueño de los cuarenta y cuatro

En algún tiempo voy pensando lo que serán mañana esos muchachitos que vemos en los parques haciendo su mundo de fantasía con decisión total. Llenos de salud, en un medio cuidadosamente dispuesto para su mejor vida, frescos y decididos, la marejada no los cerca. Algún día -me digo- llevarán la bandera del porvenir flameando en sus mentes, sin ningún estiaje, poderosa y vivífica. Son los sabios de mañana, los pensadores, los que vienen a dar nuevo sentido a la existencia. ¿Qué físico, qué químico, qué estudioso de materias nuevas no puede bullir en ellos? En otro tiempo sufro, decae mi ánimo, ¡qué guerra atómica qué aire envenenado, qué epidemia mundial servida a domicilio no puede asaltarles en medio de sus sueños y cavilaciones?

Ah, hoy mismo ¿qué leo de modo distraído que me encabrita los ánimos? ¿Qué he estado soñando toda la noche? ¿Qué se me ha tatuado en el alma? Es increíble la idea de la vida se ha trocado por las cenizas de la muerte sin remedio. Ha ocurrido en Francia, los itinerarios se alteran, la hecatombe supura lágrima y sangre; son 44 niños que pasaron de un sueño a otro; iban felices a tomar el sol de vacaciones, y un Dios tan bueno no puede darles la espalda. No, se trata de una baladrona de nuestro ánimo; el poder de sufrir apura hasta la heces cántaros de hiel y todos quedamos traumatizados más o menos, fracturados, hechos pedazos porque el corazón del hombre sufre en silencio el dolor ajeno cuando es de esta magnitud. Ni qué pensar en animar a tantos padres desolados, a tantos hermanitos desesperados, inconscientes del que bajó del cielo a media noche para servir y es posible, de modo idóneo, como una determinación fatídica dentro del negro vacío del signo. ¡Qué tiempos! Los 44 niños se alimentan de la idea de Aquel que sublima nuestros deseos y urgencias: ellos no pudieron ni siquiera encarar el mundo para ponerse a pruebas tumularias. Destino atroz, destino culpable de un modo u otro hasta llegar a las consecuencias inalterables; ellos vieron de pronto, entre un sueño y otro el hilo tronchado, el fuerte escabel rodando por el suelo y allá arriba, en lo imposible, el cielo que tal vez se podría tocar con las manos. Me revelo contra mis gritos silenciosos y los golpes ocultos que me infiero a mí mismo, ahora mismo, por no haber sido uno de los que tomara mayor cantidad de pena, en aquellos momentos, allí mismo, sorteando el cometido final. Morir, morir y darse en sacrifcio. Pero de nada vale esta insensata proposición a la altura de los hechos. Nueve adultos pasaron también al estado final a vista todos del campamento en los Alpes franceses y ya la costra de la Tierra se abre en espera de esa carga trémula. Festores luctuosos, agrias solemnidades y rezos y más rezos en tanto la vulgar necesidad de vivir apoca tabancos y socarroneos para darnos pieza fúnebre, gemidos tenebrantes, ya me induce todo a pedir un punto de este sufrimiento en transiciones de pesar y arrebato; nacer para morir todos los días como sería lo congruo para ligerar un alma cargada de escoria y a la descubierta de su tránsito próximo. Pasar y pasar, ¿qué otro programa deletéreo acierta uno concebir para estos últimos tiempos? En las tinas, agua hasta los bordes; en los labios, sedes imponderables. Me gustaría encontrar consuelo en la buena opinión de gente sencilla y benefactora que no precisa de cátedra para melificar dolores; me gustaría leer ahora mismo una página de los Evangelios, un párrafo de cualquier libro santo y que el agua lustral amanse mi corazón todavía fiero como cachalote. No me sé resignar ante una desdicha semejante; lo pasado para mí, lo que trasude en silencio largos años, nada comparable con el entramado de este incisivo golpe de inhumanidad. Sólo que, ¿y si no fuera así? ¿Si hay más altos designios cuyo último efecto se nos hace invisible? Esos 44 niños durmientes en el horno, sorprendidos en bobaliconas lumbres, me atenaza como si de pronto una mente teológica quisiera llevarme a entendimientos irresistibles. No. NO... Un proceso espiritual me indispone con cuanto me rodea esta mañana y para el día de mañana por muchas horas; no acertaré a entender el misterio de una despedida así... No supe nunca quiénes eran; no lo sabré jamás, pero mi sensibilidad me revela a acomodarme a la decisiva venida de no sé dónde. Dios, Dios que tanta lucha me ha costado entenderte y adorarte, ahora me encuentras como haciéndote una requisitoria de lo que no está en mis razonamientos cuestionar en ninguna dirección. Perdón, mi dolor se engarabita y ya no sé siquiera sollozar entre muros lejanísimos, en una especie de secreción celeste, venida desde los confines de la eternidad. Vaya, vaya el alma a pedir misericordia y yo a tomar los menjurjes del tiempo para entretener cautela y precaución.

El sueño de los 44 me viene a decir después de todo que el bien toma una escala y mide con destino a los parabienes ignotos. Todo lo que nos aterroriza en piadoso decaer será el elástico acero que fortifica nuestras vacilantes creencias. Puede servir a propósitos que se nos escapan y en ese caso, silencio y absolución para nuestro encrespado ademán.

Vivan ellos donde vayan con nuestro ceñido abrazo, desconocidos hermanitos perdidos, y el instrumental de la mente nos ayude a solicitar perdones para cuantos sufren por el amor de Dios, sea como sea.

Carta de urgencia

Venturoso amigo: nada como no ser nada ni siquiera en el recuerdo pues ya liquidamos nuestros débitos a los encolerizados colegas; ya pagamos la ración de amargura para satisfacer envidias comineras, para colmar los trebejos del endemoniado que nos tocó lidiar a la hora del reparto. Todos vivimos con ese estigma indeleble hasta el día de morir..., si es que la cuenta nos sale bien puesto que hay tantos que siguen arrastrando hasta después de idos la maleta del rencor. Pero debe esperarse, si ello es posible, que la tierra te sea leve, que nada te caiga de muy pesado encima hasta el gemido o la delirancia. José Angel, tú que cantaste a bacantes y a voluptuosas, a vírgenes y mártires, la fuerza del rigor deduce que puedes denostar a cuantos te salgan al paso. Dicen los entendidos que cada cual genera su propio karma, de donde se comprende que el hombre es una especie de serpiente venenosa ya que, después de todo, con qué vivimos sino con venenos cotidianos, de uno y otro cariz.

Nuestra tierra ha dado gente de pluma suelta llenos de viscosidades, poetas tan delicados que asisten a los fusilamientos por un sentido deportivo de la vida y otros que cantan a la sangre derramada para repetir en paredes sucias el nombre de Fidel. Tales hienas histéricas amamantan parvulillos parecidos al orix, antílope de un cuerno que está predestinado a ser algo cornudo y fiel servidor de tropas de refresco. La de conflictos entre esta turba de escribanos esclavos de ideologías, suplicantes de vagos puestos morcilleros y los que llegan de ultramar ansiosos de carne fresca. Siempre servirán los buenos chicos que un día puede que aparezcan ahorcados en el huerto de las traiciones politiqueras.

(Nací en Sagua la Grande, territorio de grandes, pero a Cruces me ligó niñez y adolescencia.) Conocí a tu padre, tu poesía andando los años, me trajo el aroma de algunos frutos que ya no entreveían años de ajetreo mundano. Y las malezas del río Malezas entraron por mis ojos de nuevo en múltiples casos. Tu verbo reconciliaba el amor con la impertinencia, vejez con vaivén renacedor, otras corolas con otros embustes. ¿Filosofías? Perdón, misericordia. Rupturas, nuevas suturas, blandos argumentos, experiencias. Algunos pusieron semblantes adustos porque juzgó muy bien a ciertos poetas que siguen en entredicho. Algunos encontraron descomedidos los pronunciamientos de universidades o corporaciones que respaldaban tu candidatura al Nobel. (En el recinto sueco ha entrado cada gaznápiro y tal aire de compadreo que da pena mirar para él.) Por lo menos tus libros se leen como ningunos otros en la materia y tu prosa es graciosa, profunda y alertadora.

La puerta definitiva se abrió para ti en pleno triunfo de la vida. Holicismo que desentumece el ánimo se vuelve material intraducible y en este caso me atengo a la sentencia clásica: cierra bien todas tus puertas no sea que se te escape el que tienes dentro de ti. Esa es la cuestión y éstas son las flores que pongo sobre tu huesa. El exilio nos unió como suele, por lampos, por silencios espectaculares, de modo esporádico. Fuiste un poeta de material prensado, por siglos, por eones, por las matrices del tiempo en busca de receptores trenzados a la física del amor. Pero también a la metafísica del vocabulario, a la hilandería del lirismo con utensilios propios. Donde se encuentre un ser molido por dolor de esta especie ese será lector tuyo, amará tu ritornelo en torno al tema y hasta una esposa puede que tome hábitos para remediar su desesperación cotidiana. Creo que fuiste especialmente el fatigante de la dulzura, quien apuró hasta las heces los ritornelos menos ásperos en la batalla erótica. Imperiosos mequetrefes te tuvieron por heraldo ante doncellas cuyo tejido celular poético estuvo siempre pendiente de gestos ritualistas. De ahí la muchedumbre de admiradoras, el emotivo respeto hacia tu labor de encaje amoroso en determinación perinatal. Donde quiera que te encuentres te vas a solazar con el aire prudente del estío, notablemente desechable ya, notablemente impuro como parece ostentar ese color albaricoque, y tú, mira que mira a ver que pasa.

Partes en busca de una esperanza: encontrar tu senda repleta de señalaciones por un mundo más apretado de silencios, de sentimientos, de simpatías y que el disimulo de la vida echado abajo presente cómo es de verdad el amor: un impulso, una resistencia, un intraducible deseo al que no se pone valladar. Los poetas como tú glorificaron a esa aparente nadería pero no todos están gloriándose de haberlo echo, no por el estilo nada psicótico por supuesto, sino por la profundidad de los despejados adioses, de los indecibles signos de misterio que conlleva.

Vamos, las manos, y hasta más ver. Las manos y el corazón y el entendimiento con la certeza de que no fue presuntuoso acercarse a Dios con mano dadivosa. Ni siquiera cuando ya no tiene sentido su prisión ni oficio de escapista, hace mutis y ya la tenemos con los brazos cruzados mirándonos a los dos -de una a otra dimensión- con gran tolerancia y ocultamiento de supuesta vaginolatría por esos que creyeron de verdad que tú fuiste poeta para criaditas y barberos. Un versificador con todas las de la ley... y tanto majadero lanzando teorías en torno a cosas que no se entienden.

Carta a la pesadilla

Desperté no bien cerré los ojos, unos minutos antes de entrar en coma anímico. Mis sobreojos por supuesto, no recuerdan la más liviana sombra ni siquiera el aire de pecado de la alteración: estaba girando por una galería de monjes condenados y artistas superficiales de esos que dicen modernos con las uñas y después que hagan la cuenta atrás. ¿Qué veía? Ciudades caídas, la escenificación de disturbios ejemplares, el ambiente petrificado de una nueva edad cortical y mística, los *Milagros de Nuestra Señora* de Gonzalo de Berceo, los mato, los te perdono, el Greco por entre los disturbios, en fin lo que me viene sucediendo desde hace poco tiempo y no comprendo cómo intento salir del paisaje si no puedo siquiera acercarme a la puerta. Mi pobre mujer ve todo, trata de llevarme a reposo pero un círculo luciferino me pone en guerra.

Quiero decirle a la señora Pesadilla que debe tomar medidas para no fastidiarme a toda hora pues antes eso hacía cuando me acostaba muy acabado de comer y ahora es sin comer, mucho más pesada que antes, pues entra una cholita que grita que me vaya a paseo que viene su cholo y pondrá en beneficio de inventario todo nuestro viejo repertorio amoroso. La pesadilla de las pesadillas está coronada con toques de trompeta celestial y la verdad es que la región está amenazada de fiebres y robos a mano armada. ¿Qué diré mañana de todo ello? Mi pesadilla me saca de juicio y me lleva a morderme un calcañar con gran entrega, pero resulta que este calcañar es de viento y está sólo en mi mente. Pasado y presente de los tahumaras, la Sierra Madre plena de cabezones y no tienen letra ni número sino intencionalidad para enjaretar custiones de capilla y aldea. Todo ello baila a comas de jabucos llenos de aire verde, de blandas montañas que podría doblar y meter en mi bolsa de viaje por las nubes de mi entresueño, labio fino de mascar el acullico del tiempo, verja y botija, silencio y dolor de tripa vacía. Mi mujer resucita sus más viejos remedios y yo alargo una mano para tomar esa vistosa estela de la oración que me alienta a sobrevivir.

¿Cuántas cartas tendré escritas con sangre y tinta de capilla? No sé; ya apenas como; ya apenas pienso, y me derrito de superficiales tanteos: la buena carta a la buena enemiga carece de miga y me pongo a pensar en Mariano Picón, el rey de mi tiempo en Venezuela, y me digo "Beatriz le esperaría siempre", los acentos bien marcados y los ángeles bailando en rigodón de la muerte.

Yo como muerte al amanecer y después diluyo mi tiempo funeral y agujas eléctricas y un acento de remolcador en la Isabela bien surtido de finos peces.

¿Y los pintores que han muerto en el exilio? Encuentro mi destreza entumecida; ablando mi astucia y me entrego al sueño de los despojados, al sueño de los que no volvieron a ver su azul en libertad, su blancura en radiancia. Cada vez que desaparece un hombre de estos mi corazón se conmueve: ellos hubieran querido volver a la patria lejana y desarrollar su gesto en una suave sonrisa; pero no fue posible. Es el sueño de los retenidos contra su más secreta voluntad. Me agarra la pereza de esta pena, los girones del negro viento despertando sombríos paisajes. Umbroso ánimo, decadente mancha, la marimorena de la dicha untando acíbar para no acabar con los aceites esenciales. Esta cuartelera canción que pide más vida por entre los entresijos del cotidiano existir espera por siempre y nada se le concreta.

Curioso encuentro: estoy hecho de versiones contradictorias de mi entidad, de lomos deflecados de diccionarios, de filos de compendios teologales, de paciencia matemática para encuadrar sin sufrimiento excesivo el aire de la curiosidad, la grisalla que se evade sorbo a sorbo tras los cortinones del olvido, eso que se derrama en oposición al medio y pone en pie una nueva dimensión. El tema de la finitud.

Bailan en el rigolón de la llama. Y no hagan caso, el material de que estoy hecho es incandescente.

Al jardín de las pirañas

En mi Octogósimo Jubirno entran a verme delicadas pirañas (tuve un título para un libro que perdí, con otra, pero no, sino en fuegos de imprenta -lengua del alma- y ya veo que creen que resucitaré como salamandra. Vienen las cogitantes muchachas en busca de juicios a su poesía de pasitrote y yo me diluyo en atenciones pero no doy promesa. "Guarina, si te hago una nota, mañana me caen cien mil poetisas de todo el país en busca del frugal entretenimiento. ¿Cuándo hago mi novela, mi endecha, las cuatro pataratas que me gusta hacer de vez en cuando? No digo más; me miran, me destrozan a rabonazos de ojo, me declaran electivo, no apto para gente humilde, batracio del novoestilo, qué sé yo. Son ochenta -piensan en alta voz-; está chochando; no acierta una... Pero no se van todavía, pirañean, atolean, se les cae la baba de falsedad interesada, puesto que necesitan esa nota no sé para qué ni menos qué altura conseguirán con ella. Matilde, Clara, Emilia, ¿dónde piensan ustedes que está la poesía? ¿En lo que dicen de ella? ¿O en lo que no se dice y no importa que no se diga? Sendas extraviadas, pantanosos trebedes, no acierto a quitarme estos pendones de jóvenes ya no tan jóvenes en busca de consuelo espiritual. Llamaría a mis trojes en busca de harina fina y a enseñarles la vertiente del viento, una ola o dos en porfía, y no haré más. Olvido.)

Paso la tarde pensando en muertes misteriosas y las que vendrán pues veo a Dalí y su mujer riñendo, vejetes los dos y no en la gloria. Ahora me dicen que se entretienen el uno y el otro en chanzas con jovencitos que los visitan de tapadillo: uno para uno, otra el otro; y luego todo revuelto. ¡Qué delicadezas se sirven en el castillo de Sepor y amigo: ¿fue usted aquel joven que en el bar *La cucancha* de ciudad México, en el callejón de El sapo, dieron aquel trompón que le hizo rodar y le hizo decir al tipo: ah ¿caí como un ave tonta? Fue hacia 1931..., o ser devorado por el candirus que es el que se come las pirañas, el candirus tan chirriquitín que se cuela por entre mallas y redes y forma un zaperoco de mil demonios en cuanto ve una gota de sangre en la boca de su enemigo mortal. Redobla el tambor que lleva el tamboril en la frente y hace mutis porque ya sabe lo que le espera en esa cinta cinematográfica que son los ríos del Brasil; no sé si el cornito o el porquito tiene que ver mucho en esta matazón de bueyes para emparejar el paso y que no se encuentra uno en manos enemigas siempre. Yo miraba a esas muchachas boquiabiertas que paseaban en ronda el parque y luego leían versos surrealistas de unos cuantos denodados poetas cuyos nombres nadie encuentra nunca a mano, y son nombres de verdadero calado poético. El salón, ya pedregoso, calichoso se llenó de frescas figuras envejecientes por minutos, arreboles y cachiporra por el suelo, el tul falso del crepúsculo llenándolo todo como el piano del maestro Arellano, que tocaba a compás de sus ideas los motivos para animar la película; el tiempo coronario hacia adelante; hacia atrás y algún muchacho que sacaba su ira del tercer cerebro y rompía una silla sobre el costillar de su vecino. Paciencia, rabieta, que canta el marigonero, vestido de dril, hoy día domingo, el santo de la mamá llorosa de la película, y todos a media luz, perdón, perdón. Bravo correr a las ocho y cuarto, feliz fin de folio y perifollo coquetón, al son de muñeiras, estoques falsos, culebras de albergue diplomático, esas que se ponen osificadas en la pared para dar sentido científico al rigodón de los meses con erre, de comer sólo carne y no pescado, y no ostras, y no ruiseñores, que no hubo después del despilfarro del romanticismo. Agueda, ojos salados, cambia de paso o te coge el tren, como chinchurraba el capataz triste de la enciclopedia vendida a plazos. Nunca se cubre el tiempo, nunca dejen de verlo a uno con malos ojos, porque se puede usted marchar para la Habana o vuelve usted de Banes o compra dijes para regalar a las vecinas y no paga el rédito.

Superferolítico -fino, delicado, primoroso- entraba y salía por puertas invisibles derribado por balas de almendra el pezón mayor de doña Julia. Dueña de burdel de lujo en Cienfuegos, quién no tuvo una soiré cualquier día de su vida en cama de sábanas de tres vuelos; holán, holán. Y la maestra descarriada que atendía a la caja, qué buena mujer para la cama no se atrevía porque era hermana de un concejal de antes, de la época de don Tomás, qué se acuerda! Ví un libro de Bonafoux, *El que se yo del que se yo* que leían a medias unas muchachas amigas de la crítica ponzoñosa, y nadie sabe cómo llegó allí aquel libro, ya sin portada, ya sin pudor en sus marchitas hojas, todo tirado al revés, porque se leía a trancos, dobla que dobla folios enrollados. Luego me dijeron que era la vida del Dr. Betances, amigo de Martí. Y todo en el ambiente de la patria, descuarejingado y lleno de máculas, esa elevación me pareció ridícula: no hace falta para nada encubrir una fealdad con una estupidez. ¿El Dr. Betances entre esta mugre de cuartel? ¿Qué tiene que ver con estas transferencias sexualistas, la peronomasia y la cólera? Soy el labriego de Sión y no paso por otra cosa. Soy el cándido candirus de los días festivos estirando hasta el desconsuelo de los ánimos una enormísima red de pescar flores.

A quien me creyera la última

Todo va bien cuando parece que termina bien. Ahora no estoy en esa: soy la última carta de la baraja, tengo confesiones que hacer. No gano para sustos; llevo tantos años vacilando el tiempo y de pronto me veo que soy una brizna, persona revisionista disfrazada de amuleto; me escribiré una carta a mí mismo. Lo subjetivo me tienta, voy de lo concreto a lo irreal, trepo faldas de sinopsis, ventisqueros de oriflamas, la turbamuka del desencuentro junto a perdigonadas que me hieren en vez de ser el heridor. Entre tanta gente de realeza peones, cazueleros, espadistas, tú, la Mamagolo, la gran madre mirándome acariciándome el cinturón de las penas. Ella me dió ese talismán de mis ancestros, me puso en la mano el poder de recuperación en medio de los énfasis de la caída. Barajo el viento, doy riego a la temperie de la fertilidad, pienso que soy la pieza obscena, que me cambiaron en un esguince de la inconstancia, y de pronto, y, todo se recupera por los caminos llenos del ocre tamalario.

¿Por qué me llamo el último de la baraja? Es un decir de pueblo basto pero que lleva en sí énfasis de la tribu. En 1933 hará 50 años, publiqué mi primer libro. El editor Antonio Carasa solía decirme para que no abultase mucho mi texto: "no tengo una peseta". Luis Bergareche, quien armaba las páginas, por lo bajo: "está millonario". Eran los tiempos de la caída de Machado y el señor se sentía "maculado" ¿Hizo tanta plata con las boletas electorales (dobles y triples ediciones) y con otros suministros que le cayó bien un autor al que decían revolucionario. (¿Qué entendía el de ello? Que yo capitaneaba grupos de comecandelas o cosa así; mi pinta no era de tal pero a veces suelen engañar las pintas de las gentes.) Le dije una vez a Carasa cosas del antiguo embajador de España en la Habana, Mariátegui, que siempre anduvo vestido de blanco y un buen día lo trasladaron para Suecia y le oí este comentario: "lo han arruinado, ¿cómo se va a poner el dril cien allí?" Sin embargo, Carasa era generoso con las muchachas y tuvo una vez secretaria que hasta le hacía los dulcecitos para después del almuerzo. Mi libro salió al fin, no se vendió nada, y en vista de la situación me llamó: "oye, ¿a ti te conviene llevarte eso?" Pues sí -le dije. "Pues andando que no quiero tener aquí papel que me comprometa". Biyaya. Enseguida pensé cargar con aquello y fui a ver a una antigua amiga que tuvo en tiempos una especie de librería o cosa así. ¿Y qué tiene ese libro? ¿Cosas contra el gobierno? El cuestionario del cretino. Yo había leído un libro de no sé quién titulado : *Mis 27 mujeres*... Le dije: cuento la vida de todo lo que me ha pasado entre tantas desgracias y aburridas; es un caso doloroso. ¿Pero cuántas fueron? -dijo mi amiga. Respondí rápidamente: 27, ¿no te parece bien? Muchas. ¿Es posible, de verdad, que a tus años hayas rodado tanto? Son gentes importantes -dije. ¿Y pertenecen al régimen caído? Hombre no -arguí sin convicción- pero no tuve más remedio que seguir con mis libros a cuestas. Hice fardos; me fui por los campos, entre pueblos y pueblos, los vendía de puerta en puerta. ¡Aquí se cuenta cómo fue la caída de Machado! Agoté la edición en dos semanas; jamás he tenido éxito semejante. Pero mi libro nadie lo ha leído -me parece- sino que fue metido siempre por los rincones a ver cuándo llegaba el día de la lectura reposada. Don Antonio, más duro que la uralita, se fue a España, Bergareche se retiró y yo me quedé sin protectores para una segunda edición. Es decir, en el pináculo de la popularidad y no había modo de sacarle lasca a nada.

    Andando los años recordaba esas aventuras y casi aprendí inglés porque me tentaba escribir en lengua que se conoce en todas partes. Dije a un amigo que dirigía un departamento en obras públicas: oye, Matías, búscame un diccionario inglés-español; pero no un diccionario cobarde, sino total. ¿Total qué? -dijo él-. Como de cincuenta pesos. Era muy generoso y me quería mucho. Me dió la plata. Jamás compré el diccionario ese ni ningún otro, porque mi idioma se me imponía y a los 80 no sé decir una palabra en otra lengua que la mía.

El escritor es un ser que regresa siempre de todas partes según acaba de llegar a ese diámetro que es un país ajeno. El escritor no quiere, si es escritor de verdad, más que escribir en la provincia, en la capital, en la carcel o en el sillón del empleado público, papeles que luego mirará con gran desencanto. Noticias frescas o refrigeradas dan lo mismo. ¿Qué puede suceder a quien confunde pasado con futuro, lo menos peligroso con lo más grave? Me da lástima ver los nuevos trabajadores de la palabra del nuevo tiempo, traidores a su causa por servir a un amo que se le impone. Ando respirando desde 1933 en los sótanos de la más negra necesidad, desesperado por mantener la escarapela invisible de mi oficio y nada me ha hecho caso formal. Lamebotas abyectos avanzan; el horno de los vendepatrias crepita y da un pan dorado pero para mí infame. Yo no quiero el pan del triunfador transigiendo con métodos repugnantes; mejor es morir de hambre, lo que supone un gesto que te acerca a Thanatos. Todo desorden propala escarnio; nada queda en la sombra, seamos sinceros. La plenitud de vida se gana con el ejercicio honrado de su tránsito.

En resumen, veo que alguna gente me quiere y si esto es oscuro será porque no entienden que sufrir es alquitarar. No siempre se logra vivir lejos de rayos y abominaciones pero se puede hacer el esfuerzo por superarlo. Uno anda en busca del derecho de morir en paz; no otra cosa después de todo más conveniente y convincente. De donde me río cuando recuerdo aquello de mi amiga que me veía manejar los paquetes de libro: eres la última carta... La última carta es ésta; de aquella de la otra baraja, y no cuento más por ahora, que el tiempo estrecha y los antepasados se asoman a un cristal muy fino para ver cómo se les reconoce la deidad.

A Mauricio

Te has pasado la vida hablando mal de todos y cada vez que te enojas subes el tono. Lo que es más... Encontré apuntes tuyos sobre modelos de cartas que ibas a enviar y cuando te contestabas dejabas por ahí, lo que no hiciste jamás con el dinero, que lo ponías dentro de calcetines viejos, de esos que ya no aguantaban unas costuritas más. Mira lo último: (haragán, ni para esto fuiste diligente) mira: no quisiera manchar tu alma con ningún reproche pero es necesario que te diga cuatro verdades: nunca te he querido, nunca entendí que me quisieras tampoco... (Aquí hay unos borrones que no entiendo) Nos acostumbramos el uno al otro que es lo que es. Corrientemente se llama hábito, pero en la oficina también sueñan los muchachos que se van a casar, que el hábito no es el del monje, sino que el monje hace al hábito, hábito de consumo (No puedes usar más que términos comerciales; para eso eres el dueño). Es posible que me hicieras falta; también yo a ti, pero más, claro. De ahí en adelante, poca cosa. Unos extraños que se habitúan a verse a la hora de la comida, a la hora del sueño. Pero mirándose de reojo. (Qué observador me resulta todo eso; tú, que ni siquiera te dabas cuenta cuando me cambiaba el peinado.) Y en cuanto los horarios se alteraban, ¿qué nos decíamos? Tú a mí; yo a ti, no creo que mucho... A estas alturas de las cosas lo más inteligente era ponerse un tanto efermo; yo echaba a andar con la espalda encorvada, aquel dolor de espalda me impedía moverme, otras argucias.

Pero bueno; todo esto es incomprensible porque en medio de tantas displicencias te acercabas de vez en cuando a besarme como en los primeros tiempos antes que nacieran esos dos niños que ya van siendo grandecitos. O no los consideras como tuyos, a pesar de habérmelo dicho tanto; son de mi primer matrimonio pero no importa. Esas palabras tuyas me emocionaban en un tiempo. Ya no... Tú pretendes armonizar tu vida con la mía, a ciertas horas, pero en el fondo te emancipas o te sublevas. Eres bueno pero desde que veo esos papeles encuentro tu vena de maldad secreta. ¿Qué es esto sino eso? A ciertas alturas de la vida lo mejor sería estar siempre enfermo, o sentirse mal de un modo alterno, para que pase la corriente... ¿Tú mismo no te aplicabas el método? Pues yo entonces me regocijo con mi manera de obrar y me lanzo a la calle; en verdad me importas poco y de pronto, qué sé yo, vuelves a importarme hasta un día tal. ¿Qué vuelta es esa? Las mareas del amor. Pero ahora necesito dejar tu compañía; necesito buscar otros brazos por ahí aunque me exponga a los líos judiciales que sabes manejar; eres astuta y zalamera; serías capaz de poner de parte a un juez cualquiera de esos que pescan señoras en el río revuelto de los divorcios en puertas. Vamos a ver, ¿qué pretendes? Y todavía alcanzo a leer por ahí: si nunca quisiste en serio una profunda amistad, comprendo todo. Quien comprende todo soy yo; eres un hombre perdido detrás de unas faldas cualquiera; no te detesto pero después de todo bien merecido me tengo tanto desamor en razón de mi paciente espera. Si continúo leyendo me horrorizo: hay otras cartas dirigidas a otras personas... que dicen poco más o menos lo que me dices tú. ¿Por qué no tomarse el trabajo de diferenciar las cosas? Tú tenías a veces tu manera de huirme inventándote jaquecas y fabricándome lamentos y gemidos. (Claro, si tú eres constructor de obras o algo así: no ves las cosas sino en estado de fabricación...) Me canso y me atrevo a devolverte injuria así me lleven los demonios. El que jamás pongas afecto verdadero en nadie te ha dado la fama que tienes de aventurero y donjuanesco; no creo que será tanto porque al cabo ya eres una especie de cangrejo de agua dulce (¡qué especie!) y no mueves mucha agua sino con el ruido del aguaje. Me río de tus bonitos desplantes, de estar echando siempre al extremo de que te pones en posición ridícula; después de todo ¿qué pretendes del mundo? ¿Que te adoren todas? Ah, mi querido, tengo puesto el aire porque si no no podría aguantar más frente a esta mesita que está cerca de la cocina. No te desprecio; no tengo espacio para ofender a quien he querido por etapas; entre silencios, remordimientos. Te has pasado la vida haciéndome tonterías y ahora encuentro tantas pruebas de ellas que me horrorizo de haber sido tan boba. Después de todo, ¿para qué mortificarme más? Dejo a un lado otros borradores de tus impresiones, atroces porquerías, un mundo putrefacto para despreciarme no sólo a mí, sino que encuentro tus rastros de dinosaurio con espejuelos entre tanto desdén por otra, por otra de más allá..., todas te han parecido de mal talante, de mala conducta, de poco sabor romántico o sexualista o simplemente sabor. ¿Qué entiendes, qué habrás entendido por sabor? Algo que se fabrica en la cocina, en el budoir, en la cama? En este punto te mando al diablo; no puedo con tamañas estupideces; eres un engreído, el muñecón de turno de ciertas personas que te saben aprovechar, que tienes astucia para quitar tu mano de tu bolsillo, cosa muy dura para un hombre que siempre tiene la cuenta corriente delante de sus ojos. Mauricio, adiós. Pero no te digo simplemente Mauricio; agrego aquello con que solías ofenderme cuando estabas de mal humor: **Nosla.** Y qué más podría decirte, Mauricio. ¿Recuerdas? Nosla, Nosla, "y en este caso para siempre adiós", aunque te espero esta noche hacia la hora de costumbre con las mismas costumbres.

A otra sombra

Me entero que ha muerto Alfonso Camín, cumplido los cien o bien cercano a ellos. Llevaste muchos años de la muerte más decorosa, el silencio el olvido, que me da gusto recordarte, como en la caricatura de Rafael Blanco, con el tabaco, el sombrero alón, la ristre y vengan malandrines y ofensores gratuitos que ya verán. Para una época de reforma en la vía poética en Cuba, él fue el caballero y el paladín: cantó a las cosas negras, a las negras, sin mayores reconconios de taquigrafía verbal. No es el hecho de pintar volubles candideces sino el entresueño de los apasionados y los encontradizos; la vejez del don Juan pide suculencias a blancas descastadas, y él no. Los negros bembones de una poética de circunstancias le pasaban por el lado sin tocarle sabiendo que el creador del guamparazo era un hombre que alzaba la copa, no un niñete arrepentido de sus casquivanas apreciaciones literarias. (Tampoco Zacarías Tallet pudo disfrutar su trabajo a plenitud porque vino el rumbanteante y tomó de cercado ajeno, qué remedio.) Por encima de sobrepellices y tramoyas quedó sólo él, intrépido en el olvido de sus vejeces, al extremo de confundirse su nombre con el de un tal Comín, marxista de carapacho colorado, muerto hacía por lo menos un par de años a la muerte verdadera de don Alfonso.

El nacido en Roces supo todo de Cuba, desde las zambuilas de Pinar del Río hasta el fufú maromero de Santiago de Cuba, por dejar la cosa en plátanos comidos con avidez. Supo más, supo todos los tonos de esdrujulerías llamadas ahora botánica. ¿Quién lo puso en ese camino? Las reinas de Saba de su especialidad que batuqueban al son del güiro las remanganaguas de sus enaguas. El nacido en Roces anduvo en Hongolosongo repartiendo machete y bicho de toro cuando la guerra encendía los cañaverales de la zona. ¿Lenguas romances para qué? El uso su vocabulario insular, de controversia y fajatiña, carbones articulados con sangre y la violeta genciana de la integración racial.

Amar a Cuba en su totalidad no le resta nada a su amor a España. Cuando decidió partir hacia México dejó unas últimas canciones conmovedoramente proféticas: "Si alguna pena tuvieres/ si alguien te arranca del tallo/ aquí tienes un vasallo/que no admite su destierro. Dime si descuelgo el hierro/ dime si monto a caballo." Pasó desmedido y apabullado a su tierra hispana como quien dice: me voy a los cotolengos de la amanuensia donde tantas matungueras se curan, que si se sufre de tantos modos éste de la soledad patrimonial, no habrá ni el recurso valeroso de una criatura bien ferrada.

Con Camín hablé alguna vez en Cuba y él maldecía que los vates de su tiempo venían con oficios paralelos menos el artístico: Lozano Casado, albañil; Calveiro, sastre; Angel Lázaro, dependiente de zapatería..., y otros tantos, holgados sustentadores de sudor ajeno. Xavier Bóveda pasó como un bólido hacia Buenos Aires donde iba a verse con Eustiquio Aragonés y con su esposa, una recitadora de cierto renombre. De Cohucelo, que nadie sabía si era cubano o español, poco. Lo consideró siempre como un mal poetastro, y en cuanto a esa pluma de fuego (que sí fue la de don Juan Montalvo, el ecuatoriano ilustre) remedaba sólo el plumero de quien pasa el paño y cobra el servicio. Pedro José no interesó jamás a nadie y Machado lo hizo cónsul, lo degradó, y luego a morir por algún pueblo de los Andes, en desdoro de sus vecinos. No fue clavícula de Salomón porque no tuvo mensaje.

Daba consejo a los que iban a hacer la América: ¿lleva usted bien dispuesto su cocaví? Los canongistas saben. Hay que evitar todo error de colimación para no caer en el caso de los triunfadores. Sé que dan en eso y en un rincón, bien apolillado, el poeta que pareció recio y sanguíneo. No cambiar lata por oro, a como sea. Ciro Bayo supo de estas cosas; temperamento versátil pero profundo. ¿Cómo se entiende? Léalo usted. También oscurece a veces en mitad de una frase y se pierde el resplandor que enciende su poesía. Ciro Bayo impuso criterios. Grandmontagen fue otro. ¿Se acuerdan en España de ellos?

Estaba viendo su caso; su conciencia de transterrado que no siempre recobra equilibrio. La admiración no tiene estatutos; obra y en paz. De pronto solía mentar *La desordenada codicia de los bienes ajenos*, de autor algo complejo, un tal Carlos García, que encubre quién sabe qué personaje de polendas en la época (1629), pero de quienes poco adelantan conocimiento alguno. Carlos García, que no aparece en ningún repertorio de picaresca vuelve la capa y arrecia en pramáticas ladronescas de muy bonito empaque.

A la Cartacuba

Llamar así a un pajarito insignificante, dentrirrostro de la familia de los túrbidos, el cual creo que no he visto más de una vez por la vuelta de Jibacoa y al cual oí de tono entonces con tal delicadeza cartacubita. ¿No representa precisamente el estado natural de nuestro país? Siempre ese diminutivo estrangulante me lleva a la cartomancia y de pronto me dan ganas de enfrentarme con una de esas mujerucas que se sirven de los naipes para ordenar nuestro destino..., pero soy un curunculado y pienso que es arte vano y nefasto el que se entrega a juegos de ese jaez. La cartacuba sigue volando en el aire impropio de que es parte y el carujo que llevo adentro recompensa desdenes pensando en su patria amoratada de golpes seculares. Con ríspida caligrafía me manda ahora la constancia de mi razonar: es la cartacuba en estado de extinción en todo el país, la cartacuba que ha sido devorada por los milicianos, los soldados, los trabajadores voluntarios, los cortadores de caña y los amanuenses de los mandamás de turno. No ha quedado un sólo animal poético de esta calidad en todo el territorio nacional y pone como remate a su carta que no le escriba más y que tenga cuidado con lo que hago. ¿Por qué la cartacuba me dice eso? Ella ha visto que se extinguió la carta blanca, ese ron maestro que nos aliviaba de penurias y enfados territoriales; ese sueño a lo Sindo Garay que solía pedir un dedalito, un dedilito, y se atizaba media botella en largos monólogos sobre el Oriente original y la disputa entre técnicos de salón para averiguar si era verdad o si había nacido en Santodomingo, con esos hijos todos de nombres de caudillos dominicanos. La carta azul de un vino hispano no nos convencía mucho; ni siquiera creímos que era original. Y el visitante se sentía ofendido en una esquina de la mesa pues no llegaba la etiqueta negra él solía tomar dentro de aquel vaivén de cartas que parecía una administración de correos, pequeñita, de pueblo ínfimo, pero tan cordial que daban ganas de ponerse a hacer recados para no sé quienes y allá veremos si llegan o las devuelven. En la silla de Seychele, Africa, hay una mata de coco que produce frutos de ciencuenta libras de peso: le llaman coco de agua abajo, o submarina, así creían verlo los nativos. Y otros le han puesto un sello definitivo: carta-ola. Pero yo me vuelvo a mi carta cartacuba que me hace soñar con mensajes en botellas y cosas parecidas; mensajes enviados a novias perdidas, o fantasmas de enemigas, lloronas de nuestras desgracias, y basta por ahora.

¿Dónde encuentro el buzon para enviar un mensaje al pajarito ese? ¿Por el Pico Turquino o Tarquino según otros? Que no es el Annapurna, lo sé, pero me estremece pensar que fue hollado por la horda de la indignidad y todo su territorio removido por brutos, más brutos que los brutos en que montaban. Veo el corte, la corteza, lo cortelano de todo ello y suspiro. Los pájaros cantan con lo que el maestro les puso en el pico ¿Quién enseña a cantar a los pájaros? Vienen dotados de ese especial sentido y a lo mejor lloran en medio de sus arpegios porque están condenados a la insipidez de la vida. Gigantescas montañas le aterran, gritos chillones les asustan para siempre, quedan algunos de ellos mudos por temporadas y vuelven al canto segun el rocio sea benigno o menos cruel que la nieve en el ala. No contaré nada más de este símbolo que adoro: la cartacuba se llama de otro modo pero no estoy en vena de lanzar erudiciones en medio de ese suspiroto de alma ardiente. Entro al placer de reconstruir lo olvidado; me descalzo, tomo un señuelo y me imagino que he cobrado cartacubas sin nada de rojo en su plumaje sedoso. Porque tenemos en el país otro tipo de pájaros, a los que se les llama en otros sitios gárgolas, bugatis, dantes y petrarcas, dondoroilos y jotitos y cancos y viados; huecos y cacorros, los finoquios y acleidos. (Este acleido siempre me interesó pues quiere decir de hombros enjutos... y alguno que se balancea en el mástil del árbol de la vida puede parecer de pronto atleta o boxeador). Me parece gran calamidad toda superstición pero esa del número 13 vale la pena. Triscadecafobia... ¿Y el número 48? ¿vale la pena? Disimétricos sexuales empujan mamparas de repudio hasta lograr fines. Un código de prevención les anuda el esfuerzo concreto y la orden próspera. Hasta llegar al gay, poder tricontinental. Pero mi cartacuba se enfanga de estas vanas evocaciones y acaricio mi máquina de escribir a la cual he quitado los resabios de su antiguo poseedor, hombre honrado pero con blandura en la sensibilidad, pidiendo perdones hasta más ver. Vivimos en mundos paralelos pero no iguales y quedo de una pieza cuando oigo al paso una recia voz que aliente aguardiente: yo no creo ni en pajaritos preñados ni en locas cuerdas... Los títeres de arbolena danzan a mitad un rigodón, el antiguo dueño de mi maquinita se persigna porque es un mojigato que ha cambiado de iglesia pero no de ritos. Me río del asunto; no insisto. La cartacuba ringlea la Alameda de Paula, un día cualquiera de 1863, todos dormidos ahora pero todos vivos en el arco de una esperanza. Voltaire en una botella de aluminio: su estado natural. Yo, en situación de fantasma marmóreo creo adivinar mi fin. Fue necesario oír la voz de la clase: cambien de hombro su fusil. Me parece avizorar un misterio de Erastes a Espermantes, si cuadrara que me parece que no cuadra. Pero me vuelvo a cielo repolludo, el cielo de la cartacuba cartacubensis, de cuando esos tragavirotes de tres al cuarto me decían al oído: "oh, joveneto, que haces temblar el misterio, que titulas como dios..." Y que se mueran los pargos, las chernas..., esa lepra de los burdeles que se reúne en casa de Pompeyo, en casa de Algimiro, en casa de Restituto... tan viejo como astuto. Las cartacubas languidecen y a llorar por la muerte de la alegría.

Carta de tasación

Uno anda entre laberintos, por eso puse al primer libro mío *El laberinto de sí mismo*; luego quise dejarlo sólo en Laberinto pero no. Es el mío, el del joven temerario que despreciaba la vida y la del viejo temeroso que la respeta profundamente. Mis pecados de ayer, mis terquedades, mis violencias conformaron para el espíritu del Señor la piedad de mi alma de hoy. ¿Cuántas almas habré tenido? No suelo indagar cosas de este porte pero a medida que avanzo hacia la ruta final o lo que parece serlo veo que mutilé muchas actitudes e inicié muchos movimientos de reposo y de paz. Me he servido a toda hora de una forma de oración personal; el Dios de todos está en todos de modo diferente; el que me apoya para salvarme me recibe en cualquier momento con gran placidez; yo vengo de las líneas enemigas; yo anduve por el peligro y la interdicción, alcé refriegas y me detuve en la puerta de muchos misterios por llevar encima un gozo de incredulidad. Ahora, no; todo lo que parece insoluble para otros para mí toma el aspecto de aquel que comienza a respirar en vano; soy ese que desea aprender siempre, el que no padece de fatiga ante su mala memoria, o su mala conducta, o su indiferencia ante una y otra descortesía. Ya ni siquiera pienso que fuí olvidado, que estoy a destiempo, que recibo los contratiempos merecidos. Mi sola presencia ante mi sola soledad comporta un cierto destino compensatorio. Voy, no a la deriva, sino de la mano de mi madurez, ese cúmulo de fracasos que te hace la base de tu tranquilidad. No pido nada a nadie; ni niego al que me acerque lo que puedo dar. Pero bien pronto, pues es posible que luego el tiempo apriete y cierre sus compuertas de expansión. A lo transitorio, a lo futil, también una sonrisa, ese aspecto de la piedad tan poco costoso. Y tan fácil de tolerar. Porque no todos soportan que se les mire al fondo de su alma. Ellos, a veces, ni saben que tienen eso que se llama así. Las imposturas no tienden a asustarnos, pero es necesario saber dónde están para echarlas el lazo. Y sobre todo para explicárnosla, de un modo u otro, dentro de su densidad aparencial.

No pongo énfasis en nada desde hace algún tiempo. Reconozco los errores que cometí, sin mayor atención al prójimo, y me arrepiento tantas veces de ello como el recuerdo del mal que hice: golpe que me viene al rostro, y pasa con frecuencia. Yo purgo mis males y mis faltas cada día que transcurre en mi presente estado. No temo a ninguna forma de represión sino que me incomodo de la demencia que padecí en esos malos años. No me absuelvo, me recondeno; el que tiraniza ahora en mi es el hombre recto que volvió por sus fueros y pone rechazos, valladares, conscripciones a la conducta que zigzaguea. Hay que vivir de una sola vez todo lo que dejamos a medias por falta de carácter. Pienso que mi alimento natural en esta etapa de mi vida está en mirar a la naturaleza, comprender sus fines, desasirme de lazos innecesarios, que antes me parecían imposibles de tronchar. Lo primero, poseo el vacío; lo segundo, no lo llenaré con trivialidades. El hombre interior está en la última etapa de realización. Aspira al mundo de verdad y no es posible que destruya esa esperanza final. ¿Su estructura? No lo sé; pero siento cómo crece su elevación y su entramado para lograrme a plenitud. Oro. Vuelvo a orar, paso grandes ratos en la noche orando; y en el día, en el entresueño. No por asegurar nada en ninguna otra parte que no sea en mí mismo. Conozco humildades. Soy mi imagen animada por alguna presencia que no conozco pero que no vacilaré en reconocer así se me anuncie en toda su verdad. Mi Cristo nace cada vez que la encrucijada me atropella.

En ocasiones no reconozco lo que escribí hace unas horas. ¿Quién vino a escribir por mí? ¿Al dictado escribo? ¿Quién me envía esos mensajes? ¿Serán los amigos muertos, desde tantos años perdidos y que me extienden su tarjeta de visita para hacerme saber que vivo? Eso; eso. Con letra inconfundible se identifican algunos; otros, yo lo comprendo, con rasgos de ingenio que le fuera habitual o con alguna aspereza arrodillada para pedir perdón ¿Todavía se acuerdan de tales cosas? Me horroriza eso; yo tendré entonces cuando me vaya que volver muchas veces a suscribir documentos de salvación. Solicitaré tales maniobras en las fachadas de algún templo, en la puerta de un bar, entre los papeles de la amanecida cuando el alma vitrifica pasado y presente y todo se une como cristal impalpable. ¡Qué laboratorio es el alma humana! ¡Engrandece, analiza, exalta y abomina, confunde y aclara! Yo siempre pienso que llevo la mía prístina y atroz, en el contrafuerte de los chamanes y el regocijo de los pacientísimos caminantes, los que miran y me reprochan y me aturden a veces con salicidades por falta de tino a la hora de tomar el sendero. Sueños ciegos, pesados fardos tristes, la melancolía de las dialécticas perdidas y los peñascales de los tronos prometidos. No iré por ellos; no busco paz en tales condiciones. Seguiré litigando con sombras, picos y barrancas; seguiré perdiendo espacio pero no especulando a sangre fría. A sangre fría, nada, ni siquiera levantar la copa de sangre de la vida. Todo con pasión, con ardor, íngrimo, con turulato acento, con especular indiferencia, pero necesariamente devoradora de mis instintos. Ese es el precio y paso el plato y cobro a los que crean que la lucha de clase es un resguardo para salir de atolladeros y libres albedríos comecuentos. Si yo supiera que iba a morir ahora diría que éste es mi testamento. Pero quién sabe cuándo voy a morir, y si hay muerte, y si después de todo las mariposas conducen en su vuelo un misterioso cartapacio para llevar el alma errante, bien cuidado sus pliegues, bien definidos sus cantos, yo que apruebo los éxitos de la inspiración y de la máquina de escribir que es sensible a las pulsiones que mandan desde lejos a mi trabajo de años y de segundos, pienso y lo digo: venga la perfecta pérfida, con hábito de monje o con traje militar, con carrasposos maitines y livianos zafarranchos de cortesanas, venga y no se vaya sin mí; preciso entrar por algún boquete del tiempo y visitar el otro lado del laberinto. Adulto soy; infante y régulo también. Pediré limosna, fruto de un álgebra inextricable, pero profunda, pero limpia.

Uno anduvo entre laberintos; uno se arrepiente, pero uno cae de nuevo en superficie deletérea. Sea mi alma una flor destrozada pero no perdida. Flor, flor, y no jugadora malevolencia para lanzar flores envenenadas. En el ojo humano queda siempre algo: vio el mundo, esta pústula, y de ello se corroe su alma. El ojo humano transmite pasión y ardor, excremento y salvaje castidad..., pero el ojo humano se cierra de una buena vez, a cierta altura de los acontecimietos, y ya no registra sino la tragedia de la huida, de la espera, de la salida, del pasional desencanto. ¿Quisiera ver ese ojo mucho más de lo que hay? Es inútil; él queda de este lado en tanto el yo, que es intransferible y no está limitado por nada, recorre con parsimonia los primeros estratos del futuro. Allí me pongo, me instalo, me deslizo y vuelvo: la combustión de la vida regresa cenizas aromáticas y en ellas quisiera arder de nuevo. Mejor, silencio; mejor entretenerse con el perfil de la gente que te saluda al paso.

Seguiré orando en vigilia. Los polizones del frenesí mesiánico ¡atrás! Me acojo a una divisa tranquilizante: el que se para se traiciona.

Cierro y firmo.

Carta obligada

Todo mundo tiene la obligación de escribir una "carta al padre; yo, a los 50 años de la muerte del mío le puse ésta: ¿cómo te diré? Padre querido, el nunca olvidado padre desde que fui hombre, de pronto padre más padre, ya era un viejo estremecido por tu dolor causado por mi desazón, por mi impaciencia, por mi infortunio. Todos los padres sufren por sus hijos, pero hay algunos que sufren por todos los padres felices, por aquellos que disfrutaron de una pena que no se traslucía tal vez en forma de magulladura del canto de una puerta contra tus dedos acostumbrados a recibir golpes de garlopas, de herrajes, nada, nada. En el fondo un taladro sobre tu corazón: ¿qué será de mi hijo en la tromba del mundo? El anda por ahí de la ceca a la meca, con damas de dudosa virtud, con caballeros de... pondré la palabra... de industria, dudosa moral, zancajeros de horas, de tardes tronchadas, al arpegio del minuto o como se diga. Te sé sentado en esa nube rosa, despistado todavía, esperando de mí esta pequeña ofrenda de cariño porque mañana tendrás tantos años de muerto y yo que nunca te puse una línea ahora te envío temblando de amor todos mis libros, mis fracasos y mis pequeños triunfos, envueltos en 50 años de pausas intermitentes (mañana me reúno contigo; pasado mañana, o esta tarde ¿por qué no? y hablaremos de cómo me fue por esta ribera) pero nunca este tiempo tuvo cancelación, nunca lo partí en dos siendo como era tuyo y mío sino que lo dejé intacto, inferido, como un duro frío de esos que se ponen sobre los bancos de los parques. Padre, que ser he sido, que no ser, que hombre tremulante, dispendioso, lleno de rubor por las cosas que se encontraba al paso y de la cuales se servía, trincha por la tarde, ácido prúsico por la noche, y al amanecer ternura, baba de mentecato, lo menos potable de la naturaleza humana tomando talante entre bostezos arcaicos. He visto el furor de las pasiones, los trámites de la argucia, la mecánica del desamparo y esa del humorismo con la cual pasamos de una situación a otra sin herirnos mucho. Creo que fue Mark Twain quien soltó por ahí: **el secreto de la risa no es la risa sino la tristeza;** y es cierto; lo insólito de reír como hiena a veces me deja llorando un rato después. Cómo he reído todo, cómo he sacado alfileres de aquí y de allá para reír un tanto, y ya ves que te lo confieso; un poco feliz sí he sido, pero muy poco, en relámpagos de sosegadas penurias; bajo las utopías de la hora y los desengaños del tiempo. Tuve el sarcasmo a mano; lo usé con cierto decoro de marinero que pierde su gorra y se ve entelerido en una esquina del bar esperando que venga un muchacho de la calle y se la restituya. Anarquizante y si te lo digo de plano, anárquico del todo, ¿por qué no? Yo buscaba el sentido del mundo en el fondo de las palabras. No tiene sentido. El ser patético que me acompañaba lloraba por las noches en silencio, bajo la cama.

Voy a robar unos minutos después de todas las cosas consapergaminadas que te cuento: es lo importante al cabo de 50 años ver una luz especial para que uno vea cómo son las cosas después que fueron. Es el contraluz de la esperanza; lo que ya sucedió en miríadas de tiempo y luz negra; lo supuestamente interdicto y sin ningún temor sacado a plaza, a discusión, a reflexiva piedad, a lágrimas. No puedo soltarme así, de modo tan inconcreto, sobre la faz del estertor que me llena de lápices la garganta; los lápices con que siempre he escrito las corazonadas, los últimos apéndices del miedo, el carácter y el perfil del pillo de playa que se nos atrapa de pronto entre la industria del cine y la industria del pañol de nuestra nave maestra. Todos los Oscar son improperios a la buena manera de hacer en silencio pero todos quisiéramos uno aunque lleve de apellido Pérez. Viva el pasota, el que ha pasado todo para poder asumir su conciencia de tribu, heredero de la gente de la estepa, de la etapa, de la perdida forma de vida que ya no se sabe. Yo fui de ese grupo, andando por ahí, entrando y saliendo a destajo en duales coches de ondas y de azules rejas. Gualdrapas y festones; silencio y miseria dorada. Padre: déjame gritar desde entretelones y toma la parte de misterio que escondo para no molestar tu sentido de la justicia. Porque el misterio es pasión, arrebato, lo contrario de lo que la gente llama penumbra, vacío, errancia.

Carta de naturaleza

Yo no me he apurado mucho por las cosas cotidianas y por las otras muchísimo menos puesto que unas y otras dependían de algo fuera de nuestro control. Meck tucck. Pero ¿dónde estaba escrito tanto mensaje secreto y la flor del almácigo que trae la felicidad y otras urticantes flores que traen la desgracia? En las estrellas, en la metralla sideral, en la trementina que se pierde en cada vaho de niebla y que luego viene sobre ti llena de danzantes briznas. Pero dejemos el **meck tucck**, que no sé de pronto cómo se escribe correctamente y pongo en duda el resto del tracto angelical de la palabra. Tal mazorca empieza a desgranarse cuando sale el primer rayo de sol y si he soñado anoche (es decir, si vino hasta mi lecho me saludó amablemente un viejo amigo desaparecido: Rubén Arango) yo no debo estar muy lejos de poder hacerlo dentro de poco cerca de las bugambillas que están en el herbario de Martín de la Cruz; inserción en la vagina de la naturaleza desde el ángulo posible: la palabra. Por la palabra me pierdo, y sin el poder de designación abdico de mis razones y de mis chocolates infantiles con los cuales me hago coronas y escarapelas a la hora de la siesta. Voy por el tren menos lento del mundo, ese que no retorna a pesar de los boletos de ida y vuelta y me lanzo al coche cama en busca de los refrigerios del itinerante. Podría seguir especulando pero todo espejo me aterroriza, Martín de la Cruz y su tonelaje de conocimiento me ampare. Leo un gran título de un gran diario chileno: **Entre relinchos y pesebreras.** Leo: "varios pensionistas se encuentran de para". Se trata de caballos con resfríos o cólicos que le produce el alimento. No me asunto: bellas lolas... no sé qué. ¿Estas serán las Lolitas de Novokov, tan apreciado por su excelente interpretación de la obra de la naturaleza? (Horrendas novelas pero que explican horrendas cosas.) Todos los novelistas deberían ser así, y basta porque nombra a casi todos que son lo contrario. Yo mismo, ¿qué me creo? ¿Que todo ello es un tacho de basura? No, sino no estoy todavía en los comienzos de la francachela. Montañas de notas, alfombras de recortes, cielos pulidos de esperanzas informales, la caraba, el carámbano de la nieve, el pobre cascanueces, y el carajo a la vela. Hipermamnesia, cortes profundos en la memoria, miligramos de gracia, cero talento, la facultad genital en un escritor es pobre. Antecendentes más feos todavía: unas viejas, unas mozas no muy garridas, atrabancos de la personalidad y un dolor in crescendo en la columna vertebral porque yo no nací para mecanógrafo. Tiradas a pluma, en época que no tenía más remedio que usar viejos restos de lápices de la redacción (lo que llamaba Roger de Luria: mochos) y de vez en cuando una mirada para la pluma fuente de Miguel Angel de la Torre, quien se pasaba toda la tarde en la construcción de un editorial, rascándose la nariz, atusándose el bigote, vestido siempre de negro no sé por qué, asiduo a las querellas literarias, hasta escribió un cuento, "El negrito", que nadie ha recogido jamás. La clase oprimida que combate y lucha por salir adelante le tenía sin cuidado porque el esteticismo lo ponía frente a todo lo que no fuera aristocracia del talento. Una vez me dijo: la lengua sale de un árbol, tal vez el menos visto nunca pero que adorna el jardín del espíritu. No te vayas a creer que todo es oficio; necesitamos de los relámpagos para entender lo que nos dicen los muebles, el carretón del estiércol, el espejo de Alicia, todos los árboles del mundo enclavados en los de la ciencia del bien y del mal. Porque también el mal es una ciencia atroz, pero ciencia, y en ocasiones ni siquiera atroz, más bien moderadamente sentada al sillón del mañana; otro mueble que también nos habla. Por no dejar de hacerlo el nudo mira al mundo desde su altivez religiosa creyendo que todos sus pensamientos son más visibles que los nuestros, expresados de otra manera pero siempre en combate con los suyos. Me dedicaré a mirar con lupa toda la teología política de nuestra raza o el mejor armadillo del invierno en una página cualquiera de la enciclopedia.

Amar en nombre de esta regresión no es bonito pero jamás tendré nada que decir si no escribo con la plancha suelta, con los cabellos atados y la cerradura de la casa tirada en la cloaca. Todos los vientos, los azufres, las violencias mórbidas me hacen falta. Y más entrecortadas máquinas no de escribir sino de flagelar los hechos y ponernos en el dazón de las lolas. **Meck tucck.** Venga el que esclarece el juicio, póngame a disparar problematicidad, que yo sabré contener mis dispares entenderes, mi juicio activo. Salgo a mirar la probable luz, la indecible cuestión de que me ilumino en medio de las pobrezas, los pagarés vencidos contra letras de dudosa estirpe que es mi patrimonio absoluto.

Cada día advierto que sobra mucho de lo que se escribe; pero de lo que escribo yo; todo. Ser el ermitaño que sabe a qué hora sale el tren (frase de Valery tomada de Degas para definir al creador) ha dado vueltas en todos sentidos. Mejor lo que transmiten los hechos: ser el ermitaño que no sabe que existen trenes, y anda su camino paso tras paso, si es que se decide a salir de su cueva siniestra.

Ahora yo me salgo escribiendo cuentos que no envío porque he perdido. Todos los dinosaurios congruentes y creo que las cosas también tienen mucha identidad. A menos que yo venga escribiendo sin saberlo en finés, en arameo, en armenio, en fenicio o el ugarítico que floreció en el año 2,606 antes de Cristo y que después de todo no es justo que se pare en la alfabética, descubierta hace medio siglo por un Socedate tartamudo que es el estilo de su periódico.

Carta cabal

Es ésta que está llena de esquinas manchadas con frambuesas, leche o miel y noticias irrisorias que luego pasarán a ser los fundamentos del triángulo diético que nos viene impuesto por las circunstancias de nacimiento, fe y fenol: la más cómica de las exageraciones para casos de urgencia y revuelo de palomas matinal. El oriente de esta vieja picardía que renovamos cada vez que nos acercamos al papel de escribir y decimos: queridos amigos etc. ¿Cómo empezar de otro modo? Pues seguir con las fraguadas historielas del tiempo que fluye y decir no me olvido jamás del libro de Miguel Rodríguez Ferrer *Naturaleza y civilización de la grandiosa isla de Cuba*, donde cuenta que cuando viajó desde Remate de Guanes a Santiago o un poco más, lo hizo bajo una catedral de árboles, año de mil ochocientos y tantos, que no vio jamás el sol, que iba entretenido oyendo el canto de los pajarillos y que, por Dios santo, no vio cosa semejante en su larga vida. Picos y más picos de ésta que llaman carta cabal sería decir que el día de la nueva patria, querida Juana, tendremos agapito y es posible que no sea toda a base de refrescos y perros calientes, que es lo habitual en regiones no coronadas por el espíritu del libertinaje. Aunque algo sí, como habrás visto, después de todos los ferretreques de gente macha que se dispone a pruebas con el fin de ver si conciben un feto y luego lo traen al mundo por la vía que sea. Lo he leído en revistas científicas, que me cuestan un ojo de la cara pero que me divierten un horror. Otra que tal: la vanidad de los patriarcas que a los 97 se retratan con la tribu en pleno, y el moco caído y nada disfrutable. ¡Oh discrepancias! Y Borges cuenta que es un anciano perplejo y no sabe lo que quiere y otros rearguyen que la vida es muy corta para perderla en estas fraguas de voracidad de metales ciegos. No será ciego Borges de nacimiento pero ha llegado a una ceguera infantil que es el reconocer a todo trance dónde está la gente que paga las conferencias y cuánto es el estipendio (vulgo honorarios) para retazar enseguida el viaje y el hotel. Qué descabellado asunto: no ver y salir a mirar mundo y nación. Voy a decirte, abuelo, que no compres por ahí unos bastones de Apizaco, si es que los hay todavía... Yo dije una vez que los masoretas que se dedican a interpretar textos oscuros de escritores de nuestro tiempo no saben lo que se pierden y que mejor sería... Pero ésta es una carta cabal con sentida logopsiquia y sus puntas de ayeres desflecados entre pelarruecas y pelandruscas, tan triviales que no vale la pena descifrarlas.

Yo hice una vez un viaje en avión de México a la Habana y no bien salimos se echó la nave, y se volvió a echar media hora después, y un tantito más de tiempo y zas. No salimos de nuestra sorpresa por aquellas recepciones silenciosas, un alcalde tal vez, dos guardias, un concejal de pueblo chico, y nosotros pasajeros asomando la cabeza por las ventanillas sin saber de qué se trataba. (Eso de las autoridades se vino a conocer como a la tercera parada... Y ni modo...) Se preguntaba a las chicas de servir, a la camarera jefe, a éste y al otro y nadie nos daba razón, hasta que una buena después, casi llegando a la Habana, se nos dijo que habíamos traído a bordo hasta no sé qué sitio, a un marinero del Potro del Llano, que los países enemigos habían bombardeado a la altura de una mar airada.

Así es todo en América. ¿No saben ustedes que los comunistas expulsados de sus países de origen por malvados o por lo que sea reclaman también su derecho a la protesta? Ahí está el caso de Angel Rama, de Roa Bastos, de qué sé yo cuál más pidiendo que se les respete por los abusos que han cometido ellos, y enseguida se les acoje con cariño y alguna beca lo mismo en Estados Unidos que en Francia.

En este punto lo único que me falta es un tubo neumático para coronar mi honrado trabajo de escritor descabalado. O que no está en sus cabales pero si para una carta cabal.

A no sé quién

Virgilio Ferrer me contó del magnate que fue su bisabuelo, no tanto en el grado de aquellos cargos y dineros que tuvo, sino en el de su limpia condición de escritor, cosa que le enaltecía mucho en que estaba seguro de haber seguido a pie juntillas. Virgilio de errores y culpas no estuvo libre pero su excepcional prosa le salvaba de algún estigma que el tiempo no hubiera borrado tan pronto.

Y como estoy, entro a comunicarte que el día que llegó a La Habana ese legendario poeta americano autor de *Aullido*, cuyo nombre escapa a mi memoria, dijo en el aeropuero la mejor frase del siglo. Se le preguntó con muchas zalemas a qué ha venido el bardo a Cuba. Y él contestó: a fumar mariguana y a acostarme con Guevara. Todo quedó bien hasta horas o días después, en que ya bien sea con el rabo encendido u otras cuchufletas de rigor, repitió la frase y entonces le dijeron: ¿a dónde quiere ir? El respondió brillantemente en medio de una batahola que festejaba en la Casa de las Américas no sé qué éxito dos mil uno de Alejo, de Wifredo o de un retrete de un brillante embajador que apenas sabía poner su nombre, ni en París ni en ningún lado que estuviese, y de pronto lanzaron por la borda la nueva pregunta: elija, poeta, que ya tiene las maletas hechas. Hechas nunca estuvieron sino deshechas, porque arramblaron con los calcetines rojos y los interiores azules del bardo y hasta que lo empujaron dentro de un avión algo renqueteante le estuvieron mentando la madre, el padre, los tíos y los sobrinos; cosa que le fue perfectamente indiferente a causa de que no conocía a ninguno, en línea o en curva. Allen Ginsberg... Reaparición. Ya vino...

Y como estoy en plan de confidencias, te contaré que oí en Bogotá entre gente muy ameritada como de buena lengua, esta alusión al enredo sin sentido en torno a Guillermo Valencia y Nietzsche, lo cual parecería increíble si no se conociera el carácter de algunas cuestiones. Que el gran poeta aludiese con frecuencia a la amistad personal que tuvo con el filósofo podía pasarse, pues era época de radicalismos, pero que para darle más carácter de intimidad dijese que estando en París, de muy joven, supo de la necesidad de un fámula para el filósofo y allá se fue y aceptó el cargo que desempeñó muy discretamente meses largos, cosa de medio año por lo menos. ¿No es ésta una ingenua actitud? Cierto que el poeta viajó por Alta Engadina y tal vez fue a Weimar (en Udo Rukser sobre el filósofo en España no hay alusión) pero de ahí en adelante todo se desvanece bajo cobertores de nieve.

Fragilidad y omnipotencia participan por igual en el fraguamento de una obra, lo que es decir que los vértices deben convenir en la búsqueda de su solio: está en la palabra predispuesta, la única entre muchas, para obrar con el prestigio de su majeza o de su ejecución simbólica. Todo el idioma reclama estos cuidados, así verbales como gráficos. Escribir bien como hablar bien no es más que dejarse llevar por cierto instinto de belleza expresado por modos sencillos.

Una hipótesis en otra dirección nos llevará a lo mismo; es el amuleto de una cierta distinción espiritual muy certera que tiende a refinar desde la base hacia la cúspide todo el proceso creativo. El creador está en todos nosotros, arrebujado en silencios o bien operando en ejercicios que luego dirán la gran prosa o el verbo corusco que dice y sugiere. No es lo virgen del símbolo sino lo explícito del hecho. Así cuadra fácilmente entre materia y belleza.

Hablar es un acto insólito si se piensa que es el privilegio de los humanos, pero hablar bien supone una distinción del orden de la cortesía; reverencia geométrica a los oídos de nuestro oyente y si se trata de escritura, de nuestro lector. De todo lo cual se deduce que sería vano prescribir leyes pues que se trata de un arte que se practica entre nichos delicados y trinos que redimen.

A la pintura que me mira

Eres tú; eres tú; no hay quien mire de ese modo tan inteligentemente compulsivo, complicado y de concepción simplista. Por lo menos ahí ha estado por años, desde La Habana, en la puerilidad del exilio, a la altura de las circunstancias no circunstanciales, o de pronto, solo, con el linde detrás de los párpados obligándome a llenar más cuartillas, como él cuando estaba en Praga, con el espinazo doblado y funcionando en todas partes, sobre él los suyos, los agentes dobles, los que intoxicaban a las multitudes y los que sirvieron desde la época más lejana hasta los que están ahora en este país donde escribo, donde resido, donde muerto, no resucito.

Temible eficacia desde Shakespeare hasta hoy ¿cuántos escritores pasando el plato de la información para llenar su pobre plato? No digamos más porque hay pueblos ágrafos que tuvieron también estos servicios, escritos en el aire, reportes codificados en el viento ya que hay peor: pueblos ágrafos a pesar de conocer la letra, que tienden a confundir. Porque también hay otros que me miran y despiertan en el silencio de la madrugada albores reticulados. Veo a la suma paz, a la vivencia petrificante, a lo súbito peregrino que engarza pareceres, al segundo Adán, a todos los adanes de la desesperación que no pudieron conjurar su angustia, que buscaban salvavidas celestes y perdieron sus ojos de tanto mirar. Me mandaré una carta a mí mismo, del espía que se declara contraespía, servidor de tres o cuatro causas, el supino mentecato que no sabe lo que hacer con sus manos ni tuvo método para romper las resistencias del alma, lo que tuvo que haber hecho a los cincuenta de una vez..., pero ya es tarde y se presenta a las autoridades pidiendo que se le fusile. No, sí, ¿por qué no tal vez? Y lo recurrente entorchando libertades de similor.

Me miran otros ojos, me lanzan rabiosos guiños, no tanto como el inaceptable espíritu que me retuerce las entrañas del pensamiento y me propone pasarme a otro, a otros, a miles de enemigos de cuantiosas indemnizaciones. Me mira una figura grotesca que tengo por un rincón entre flecos de helecho y golpes de prieto florimbó del techado. Y sigo pensando en los pueblos ágrafos a pesar de conocer la letra. Son los nuestros, los que nos miran desde las encrucijadas subyugantes y se contentan con un destino superficial. ¿Quién mira para otra parte fuera del redil? Me miran a mí desde su incapacidad cotidiana. ¿Quién mira siquiera la andadura del oso que impide la concreción de los poderes angélicos? ¿Quién reindica la mirada perdida de Dios? ¿No vela la histeria entre túnicas para hacerla desaparecer? Nada que no sea el equilibrio del ludibrio universal. Motes y motetes engarzan sus aflautados trinos con objeto de decorar la lluvia, el trueno, la vaga luz del cierzo. Con la boca chica suspira el viento y con la grande lustra el aire Eolo niño. Con lápiz verde, trampa; con el azul, discordia; sólo el lápiz negro me sirve para pedir que no me mire ni el lince ni la punzante noche. El viejo poster de Kafka, ahora que se cumplen los cien años de nacido, se estremece y me reprocha que le dé la espalda, de que no mire para él con un poco menos de altanería. Todas estas miradas despertigadas desde paredes, retablos, cornisas y cenefas arman el siglo de oro de nuestro aburrimiento y nuestra intranquilidad. Los feos demonios nos convocan a silencios, a gritos, a desesperados manotazos en el aire y yo suelo acompañarme con gemidos no audibles. No veo más, no toco nada, no aliento y en silencio aborrezco de mi conducida saltimbanquería hasta la noche en que suelo dormir tres horas seguidas. No seguras, no constantes, sino entre sobresaltos y caídas en el vacío velludo del *Cantar de los Cantares*.

Esa poquita pintura que ya voy teniendo, alguna grotesca según decir de visitante, y que no es grotesca sino dramática, me mirará hasta las postreras horas porque yo envaino silencio en esa glaucoma que me asedia. No pido sino distancia, un poco de azufre neumático y ya veremos si se puede pasear también por la otra orilla. Los clavos y las cariátides me protegen de lluvias pungentes, de esas que no caen sino con ceniza atómica. Yo puedo, yo podría, yo he podido comer mi parco refrigerio entre contumelias y discordias pero no podría jamás desayunarme si no me pongo de espaldas a ese paisaje filial que me atemoriza: la máscara de Ponce, la mascarilla del Greco, muy basta pero tan afligente que encumbra mis penas en vez de rebajarlas.

Todo asedio me es ajeno, y la pintura que me mira como el reloj que cuenta mis pasos o la flor en el vaso que persigue mi desaliento para echármelo en cara así comienza a ponerse mustia, suelta en mí perros rabiosos hasta la ponzoña. ¿Qué quieren los desdichados? No morderán mi alma ni mis penas ni mis dobles de campaña, pero un aire entumecido me hará prisionero de abulias incontables. Ni hablar ni escribir en largas temporadas con lo que he perdido el asiento de mi tiempo y veo como he quedado atrás de todos los otros. Es un decir para salir del paso pero no encuentro otro sentido a tanto rencor.

Al fin veo claro: voy siendo el candidato a arrancador de ojos, el desdeñante de los bacilos del basilisco, ponedor de conjuros en huevos de codorniz para el ojeo, y la pintura se aumenta en caudas brillantes para hacerme a toda costa desdichado feliz; escampavía y vidrioso aceite. Ah, si tuviera a mano el *Manual del baratero*, que perdí por allá y donde están los mejores secretos para manejar la navaja contra toda la pordiosería del mundo establecida allí en tanto tenemos que salir al raso y a merecer el favor, toda la decencia de nuestra perdida tierra. Que enlutados recogedores de especie se tornen en gente que nos obliga a no olvidar la ofensa y menos el menosprecio! Yo pertenezco al grupo de los que todo lo sufren en cualquier asalto, sólo no sufren que les hablen alto... Calderón, por supuesto y bien supuesto el presupuesto. Y al grupo, también, de aquellos que dicen que el mundo es anciano y ajeno, no ancho... Nada de alegría.

La pintura que me mira suele recordarme algo perdido: que se fueron los días del esfuerzo para dejarlos con la mirada enlutecida por siempre. Yo creo en solemnes promesas, menosprecio la mano que se detiene y no sigue su designio, pues es tan duro haberse despojado de los estremecimientos íntimos que ya no sé en qué pensar. Paz y bien, tableta que me enamoras, calle que amé, adiós, adiós... Y hasta el cometa Halley falta a su palabra.

A gramáticos y otros majaderos

Si se han labrado cuidadosamente páginas y páginas no debemos inquietarnos por pocas palabras -en este caso una- que enaltece después de todo un idioma el cual necesita usar trabalenguas para explicar simplezas cotidianas. Lo rutinario son los canales que permiten el libre curso de las ideas, pero si se puede castigar un estilo sin otra dificultad que conocer el dogma central del lenguaje, bienvenido el que niega seguir con la rutina. Sólo que a los gramáticos, que conocen muy bien las reglas y jamás han podido escribir con cierto garbo, les asusta, por contra, la falta más leve al espíritu de sus leyes.
    Si no hubiéramos tenido neologismos, o trasvases de poemas (plantas que tomamos de un jardín y las traemos al nuestro) no existirían lenguas con vigor. El lenguaje es más útil cuanto más vocablos posee y si se piensa en belleza ¿se atreve alguien a quitarle la idea general de que debe ser hecho por todas una? Purificar, sí; esterilizar, no. Alternativas que justifican el aire de molestia de los retóricos... hombre, Dios, ya nos hemos olvidado de tales majaderos puesto que les hemos hecho creer que sus reparos me convencían.
    Leer por encima del hombro ya está bien... pero mi otro yo lo hace y despoja de agrias consideraciones el resto de esta carta. Quedan fuera, por supuesto, y no más cooperación con el enemigo. Que aprendan a escribir y luego hablamos.

Al inédito que me escucha

Donde esté el autor en estos momentos ¿cómo voy a saberlo? No hay modo de interesarse en ellos; la materia está ahí, los empastes, los flecos dramáticos, los gajos de aire petrificado, todo lo que compone un acierto para los ojos impúberes siempre de un contemplador de textos y no lector descontinuado. Este soliloquio me atormenta; soy muy viejo y dejo un par de consejos a los amigos que me seguirán. Nadie me enseñó a mí; me hice rodando por el mundo, de mal en peor. Se habla de un instinto de contemplación y ya no es posible a los 40 años de haber lanzado la bomba atómica.

Ahora leo que la mujer de Moravia está en apuros; ahora recuerdo que el director escandaloso de Escandalar me pedía colaboración y prometió venir a verme en Miami porque yo quedaba indiferente ante su equívoca solicitud. ¿De dónde salió ese tipo, gordo y grasiento? ¿De cuáles entramados deportivos? ¿Qué juego juega en las letras? El señorito Octavio se recoge en su concha de marfil, que debe ser la concha de algún teatro de provincia y repite cosas que ha leído por ahí. Dejemos esto. Y en la espera desesperada de mi momento me hice viejo no refunfuñón sino sarcástico. No quise terco leer más penas que contar. Mis dolores reprimidos subiendo a espumajos cárdenos, lo imprescindible para no reír sino con silente escarnio, un paraíso para los merseristas del maléfico y como la vida es dialógica, aquí me pongo a cavilar con mis sueños perdidos.

He oído hablar del metalenguaje; no estoy seguro de lo que es y de pronto me apresto a dejarlo de lado. Metalenguaje es lo que hacemos apresuradamente con las ideas que nos rigen y que no están en fila para ser expresadas. Se lanza uno a ello, fabrica ornamento en torno a ellas, caperuzas, mandiles ostentosos, perifollos, coribantes y el meta se incorpora a la meta enhiesta: tratante en armas fui y comprendo como se funde y liga un comercio de esta especie. ¿Y los bastiones? Por aquí me quedo, me fundo, me deshago, y pronto lleno escarcelas de silencio, angustiado, sin posible Sibila liberadora que nos ponga a flote. Los hermetismos de la muerte y el esquema de sobrevivir. El espejismo reconquistado. Ya, después, todo a la borda para el lanzamiento, y empezar de nuevo sobre la alfombra tejida a comprender que ya no se estilan ni son de Persia.

A la mejilla del graffiti

Paso por encima de explicaciones y pienso que todos entienden a lo que voy. ¿No tiene cuerpo el graffiti? En nuestro tiempo sería inocente explicar lo que ello explica; va más allá de lo que se comprende: es voz de pueblo enérgico, burlón y comprimido, no comprometido como esos poetastros que cantan al más allá confundiéndolo con lo insólito.

El cuarto de aseo, el retrete, la retreta, etc. está en disposición todo jaez de lamentos, menos los hipócritas. No fue en balde un asiento prohibido por los filósofos para las lamentaciones trascendentes. Piense en ellos el señor que se mira a la entrepierna con desconsuelo en tanto acaricia pensamientos filosóficos en que poner en alto el drama amoroso. El negro viejo de Taguayabón que se recriminaba no estar al día como cualquier supermán tiene también leyenda capitosa: "Mija, ahora que estoy sentao tu te pones de pie; comes de eso que engorda". Y restregaba su memoria hasta encontrar aquel canto cantábrico que ahora no recuerdo.

Por ahí cae uno en las estupendas epigrafías de mi juventud: "No aciertas, poeta, el último labio es el de la Muerte" "Por este agujero negro se ve la ceronata de la vida". Y otros y otros que al presente no se llevan por lazos de estética. ¿Cuáles razones? El graffiti en el suelo se supera con el papel pautado de sentencias clásicas que le permite al pensador ahorrar su tiempo. Allí viene escrita buena parte de la historia contemporánea con frases gordas sobre batallas, política, amores, desprecios personales. Y prensas donde se mencionan nombres de bellas de uno y otro tiempo. Es lo que se llama la perfección geométrica.

A un lector de bibliolitos

No sé dónde me entretuve en examinar cierto día *La crencha engrasada* de Carlos de la Púa, antes Raúl Carlos Muñoz y Pérez, después Carlos Muñoz del Solar nacido en 1898, muerto el 10 de mayo de 1950 no bien se hizo rico en la aventura de ingresar alcoholes prohibidos en los Estados Unidos. Gran curiosidad tuve por ese lenguaje del que nadie sabe su extensión; infinita fuente de inventiva, gracejo y alegría de vivir. Carlos de la Púa administraba una poesía de barrio bajo, de quinto patio, de alcoba prestada y de lentos acaeceres para modificar el estado vital en un momento dado. Se hizo y se deshizo por otras razones.

Más da una piedra, dijo alguien del extraño imbroglio que es la jerga. Si las piedras hablaran, ¿qué cosa no dirían? De piedra es el ancla, turbadas las piernas, dudosas las manos, qué hacer con esta lengua de atrás parlándote o cosa peor, porque el verés tiene sentido, y el lunfardo no.

—A ver, a ver, los libros del hombre son las piedras que el indio ponía en su camino hacia la cumbre como una devoción a su divinidad. Esa apacheta nunca está colmada aunque el viajero de hoy suele hacer también su donación. Piedras místicas, piedras venerables, argamasa y caudal de viento. Todo es piedra. Y no hay piedra que dé más de lo prevenido por misteriosos contables.

—Va último...

Volví a mirar los textos que se ven del autor de *La canción de la mugre* y otros entreveros conmovedores estudiados por Luis de Paola, por Enrique Estrazulas, en épocas. Todo queda vivo y despierto, profuso y sutil, tirando del cajón de los hallazgos y los recuerdos. Me da una piedra -es claro que murmuren todavía los retóricos de golilla en tanto el malevo ingresa a una cierta categoría del mal que no es para reír.

—Por ultimo...

No lo sé. Veo el agotamiento, la Caída, las entregas mercenarias. Candongos de glorias negras. Cuerpo de baile en desorden. Ni libro malo ni códice secreto. Prefiero que ruede el canto de calicanto, el canto del alma, a compás de cierzo y granizo, dudosos circones y algún diamante de verdad. ¿Método? Todo al barril y de pronto una punta de misterio en busca del sentido integral.

Y en eso entra el jocoso, ese que se viste de blusa colorada para atemorizar al vecino y se pone guantes negros para suscribir sus penas de muerte contra tanta gente poco enterada que presume de mucho. Me mira y dice:

—¿Ya sabe a lo que vengo? ¿No? Pues le diré: quisiera saber qué dice biblioclasta.

—Pues no lo sé; a ver dígame.

—El que destruye libros. Pero no se asuste, lo acabo de saber ahora mismo. Aunque ese clasta lo especifica todo. ¿Y bibliotoro?

—Ese foro no sé.

—Ni yo tampoco, pero me apuntaron que bibliófobo era quien entregaba libros para su lectura del servicio de una biblioteca.

—Puede ser. Pero si son de piedra, que llaman bibliolitos, buena la va a pasar el cargador de turno.

—En esa bibliometría no me meto.

—Vamos, que usted no es un bibliólata, el que posee muchos libros sin mirarlos ni por el forro. Augusto, Martínez, Coco, Luis...

—Rebaje algo, que está resubiendo demasiado. Pero agregue que hay un arte de curar enfermedades por medio de papeles encuadernados, se llama biblioterapia. Ni Ud. ni yo, en buenas cuentas, iremos a un hospital de esos.

—Ni amarrado y eso que supe de chiquito que biblo es el tesoro de los remedios del alma.

—Allá los que creen en la bibliomancia.

—Es la lucidez de lo opaco. Detritus de porcelana y alabastro, la salida de la cueva.

—Fascinación de antaño. Es lo inapresable que bulle y vuelve.

Volví a *La crencha engrasada*, renglones perdidos, tertelos voraces. Pregunto a uno:

—¿Qué se hizo de la familia?

—El único que está vivo es el loco. Sigue sacando crucigramas y toma el tiempo con ayuda de unos pasapalos increíbles. Piel de ratas, piel de enemigos, y en su vasito con un escudo que dice...

Carta al troesma

Por primera vez me escribo a mí mismo y por eso me llamo al revés de como se han empeñado en denominarme. No soy maestro en nada ni de nada, sólo un simple cohete disparado al vacío, con cierto rubor en la mirada porque me atosiga la carga comprometedora. Banquero sin banca, ¿qué le hace pensar a la gente que administro un tesoro? Sólo vivo al azar del tiempo y lo mismo doy un pase maestro que una tontería de aficionado. La condición humana me lleva a transigir. En época en que nadie se acuerda de nadie, ni de los grandes ni de los excelsos. ¿Quién cree en maestrías sin mañana? A lo que alcanzo a ver no me desconsuela; yo he escrito sin aberraciones pero también sin convicciones; lo mismo me da el olvido que la falta de reconocimiento. Jugar a la pelota me da lo mismo que no jugar y si alguien piensa que ya estoy cansado, ¿qué importa? Mi trabajo no conllevó nunca un placer ni un oficio y esto queda flotando en las nubes. Será como la paja delante del viento.

Creo haber visto por ahí algo también en torno a la creación de un banco ¿de semen para genios? ¿Estará funcionando ya o las primicias de los genetistas no tienen atención a la mamá futura en algunas mamás del pasado? Los matemáticos eminentes, los químicos más austeros podrían adelantar algo a vista del caso que les relaté. Pero dejemos la cosa como está, pían piando, al mundo de Tusla y sus alas.

Ahorita me lanzo a escribir el caso de un aviador nonato y el otro de las brujas que aterrorizan a grandes y chicos por años y años. El que cree en brujas suele encontrarlas y hasta charlar con ellas de asuntos de lumbre. Sobrellevo ese terror con un par de risas puesto que tengo en la cocina una bruja colgada de mi fogón y me entretengo en mirarle las mejillas hundidas y la boca destentada. ¿Sería hija de gente ilustre? Oh errante musaraña ¿de quién surgiste tan ligera de truenos que cabes en un combo musical?

Para cartas...

...las que escribió Henry Miller a Anais Nin, una escritora de origen hispano injertada para siempre en Francia, aunque guardaba algún regusto por las cosas de Cuba. Hija de músico, quedó en su estilo algo musical discordante como si quisiera romper con ciertas estructuras para encontrar su camino. Lo encontró tal vez con el acercamiento a ese monstruo de la calamidad literaria que es el género de fascinación que le cautivaba: la mujer en mil posiciones distintas y el viejo Miller, que alguna vez fue joven y no se sabe a qué centuria pertenecía, dibujó perfiles altivos y rasgos de una bonita engastadura para complacer al tiempo. (No creo que haya otra manera de azorar los años sino echándoles la historia del tiempo encima; el tiempo, el tiempo... y los malos vientos que corroen su veste diáfana). No eran hermanos trapenses, ni siameses, ni de otro tipo que de aventuras con la letra y sus destinos unánimes. Las pesadillas animadas, las otras, etc. Y ya tenemos alguna confesión devota: A veces miento -dice Miller- ¿y por qué no? Mi mentira armoniza con el hecho de ofrecer la verdad sobre mí mismo... Buen perfil de lo que es un autor de imaginación; el que tiene que imaginarlo todo aún a costa de ponerse en entredicho ante los ojos de los pacatos y maliciosos que siempre están pensando en la verdad verdadera sin dejar margen a la otra, a la bella verdad retocada por la palabra y el gesto de un maestro del embuste. No creo que yo haya dicho siempre las cosas como fueron, pero estoy seguro que salieron mejor dichas y hasta con más relieve de certidumbre de como las vi. El escritor está siempre en guardia; teme la reiterativa abocetada, el fantasma del trémolo vacilante, toda la cohorte de lo que hace un redicho a punto de morir de miedo ante el lector, ante un público menos visible, ante la soledad y la muerte.

Memorias no matizadas, algunos picos viciosos de fantasía caen por la base. Uno comprende cuán aburrido es decir siempre la misma cosa, la misma anécdota, el mismo contorno de la arenga y cómo sería de bonito insertar en medio de todo ello un par de orejudas diátesis que animen el llano y poco vistoso camino del detalle apegado con seca virtud al hecho consumado... y consumido. Otras cartas son tan buenas que parecen increíbles para ser mandadas a nadie; son para todos; hay que ponerlas en tiernos correos de alas de mariposas... y esas modistillas de Italia o esas damas del renacimiento o tales y más cuales suprafamosas cortesanas se conforman con ellas aunque no contengan palabras más relamidas que las que habitualmente han oído en toda su vida.

Y aquí me desvanezco (recuerdo el término de milagro: lo oí a un portugués caritativo ante una muchacha que se afligía por su falta de atención) hasta más ver. Cargo la bombarda del estruendo pacífico, detono mi viejo calembur de aire frío, tomo el maleficio de la quimera por los cuernos (siempre los cuernos, de un modo u otro) y me lanzo a la majadería de derribar cualquier fortaleza con signos ambulatorios. El alfabeto. ¿No precisa uno que estos adminísculos para pasar la tarde o la noche en mejor compañía que una copa o un violín de pobre mensaje?

Ni lo uno ni lo otro sino todo lo contrario.

Y hasta más ver. Que será enseguida o tal vez nunca jamás; depende de las agallas de mi destino que me lleva desde hace muchos años girovagando de aquí para allá, en pos de ti, tipógrafo celeste, incubo de muchas mutancias, caracol y espejo de espejos más venáticos que mi constancia, o mi arrogancia, o mi delirancia, que besa sus manos.

Cartas en la manga (y la mangadera)

¿No podríamos hacer un diario mínimo con la hirsucia de la vida cotidiana? Todo es harapiento en nuestro contorno que dice que el suicida es un asesino desviado de objeto. Y eso me estremece por tantas razones como se sabe que el suicidio es el acto mas libérrimo que puede cometer un hombre en estado de serenidad y prudencia. Miro a mi alrededor veo el silencio y un poco la censura. Miro el centelleo de ese disparo, o al movimiento pendular de esa cuerda y todo conviene que el pobre caballero llevaba una carta en la manga. No puedo de momento sino interesarme en ella. Dice poco más o menos que está aburrido de la vida, que no tiene el menor interés por seguir ese camino, que del otro lado del mundo le esperan adanes indefensos, evas prolíferas y Tubal Caín bailando un rigodón. (Y no sigo: tengo horror a las novelas llenas de erudiciones a lo Manucho, a lo Fernando del Vado, o a los estudios del segmento de las semejanzas individuales.) Quedo en vilo, practico el aura tucil de retirarme a silencio y usar de la cruz con asa, el ankt, en espera de mejoras el pistacho de la cena.

Volver a esa artesa que usaron en las minas para limpiar los minerales, el ábado por otro nombre, es algo presbiteral porque envuelve un cierto rito y un cierto misterio. Yerros grandes, pequeños deslices y todo sin cuidado a la artesa. Vuelve la manga y mira lo que ha caído en ella, al descuido, en medio del tornasol de la contienda. Yo vi al Dr. Alt en México cómo contaba el nacimiento del Paracutín y a Benjamín Carrión Salamanca en Ecuador hacer la disección de algunas cartas de Juan Montalvo como si fuera un cirujano. ¿Pero no tenían ninguno de los dos cartas en la manga? Para aquel amplio senado de gente ilustre podría parecer equívoco todo; y todo era real y posesivo. Hasta que hallé a don Quintiliano Verdejo en una librería de Madrid, librería de viejo y de viejos, explicar el origen de la palabra vodevil, tomado de aquellas cancioncitas de juergas y recholata compuestas por aquel Oliverio Vaselina, nacido en el barrio de Vau-de-Vire, en la Normandía, nuestro vodevil nada feo ni reprobable.

Te escribo, y guardo la minuta, manga de embrollos y latifundios verbales, porque yo también tengo mis días de crisis y agonías, rojo jacinto, y tomo las de villadiego: un topo con cabellera, un agapanto no trificado, el espesor de un filo filomático y ya basta de engorde.

El párrafo se acaba; adobo tu petaca de muerte y más no digo. Esa que se llama unión consensual entre kami-kases: la lombarda, esa cal morada que nadie conoce fuera de Lombardía.

Carta al correo

Me puse a buscar alguna vez los orígenes del correo, de cuando venía un tipo a la casa y entregaba un sobre con algo dentro y solicitaba el importe del franqueo. Luego generó la idea de que pagase el que enviaba la noticia pues sería lo más lógico. Loteando la cosa ni sé ahora quién tiene razón pero recuerdo que Gide tituló *Pretextos* a una colección de crítica que lo tuvo a maltraer en todo tiempo. Sí, eso es: vivimos de pretextos y nos lleva a causa mayor el menor suceso que rompe o desata el mundo de los objetos retenidos. (En correos también se halla esa distinción: voy a buscar papeles que me dirigen malamente y cuando llego a ellos veo que dicen en el sobretiro: Sr. D. Hermenegildo Labriego o bien Dr. Juan Ruiz de la Labrada o Prof. Enrico Liberatore o Laboratorio o Ruiz de Gámez...) Poco añado: soy yo o no lo soy. Y el paquete con nutricias facturas para el depósito de donde se junta a otros que serán devueltos.

Un hombre en el exilio debe hacerse pocas ilusiones con los efectos postales que recibe. (Eso viste bien: efectos postales...) En España, en Francia, en Venezuela, en México... siguen llamándose así y es alegre que una simple nota anónima en que le fruncen a uno la dicha de vivir mirando para la patria lejana sirva para avisarle que el día menos pensado y como sigas en ese juego, te la vamos a arrancar. No dice mucho pero lo resuelve todo. Hago una cala discreta y pienso en los bobalicones que se mortifican porque uno come de vez en cuando un pollo bien sazonado y bien rociado en algún bochinche con prestigio, una tacura caraqueña o algo así sin mayor preocupación histórica. ¡Qué importa! Vivo sin vivir en mí... y doy por hecho de que muera al pie del plato o del cariño a la memoria de mi sazonadora por excelencia. Un pastiche de ese tenor no me amedrenta aunque tal vez me hace difícil la digestión del día. Voy por agua, voy por vino, y miro a la gente que me rodea en tanto yo de reojo vuelvo a leer el anónimo que a veces firman malas letras expósitas. Peldaños más abajo el viejo que finge cara de cura me azota con su aliento a tabaco masujado mientras someto a analogías profundas versos de una cucaracha que responde a sonoro nombre ignoto. Poetas, poetas... torres de basureros celestes, fornallas de impiadosos residuos y mecanos para el servicio de metrificación rural. La concepción del mundo está a merced de una venganza no firmada; eso que arrebata al punto nuestro deseo de resurrección en vista que nos prometen muerte fulminante.

El correo se enturbia en sus funciones primas. Es castigado mandar mensajes de este jaez pero se mandan y yo pienso enseguida que sería posible amoldar la vida a una simple cautela postal. Un cuestionario crítico nos daría seguridades. La carta, al ser enviada, primero leída al empleado, que siempre no es un pelmazo.

Me gustaba mucho escribir en esas hojas en blanco que van quedando en el papel de copia de libros que necesito de momento y que luego, más tarde, me salen sobrando. Me gusta el libro con su vieja constitución de cumental, encuadrado, cosido por el lomo y no pegado, eso que se llama el derramasolaces del buen lector, que la página le caía sobre las piernas o que resbale hasta sus pies y no dejen márgenes sino al chiste (que esta lectura está ahora en su sitio) y como no hay fiesta que no ahogue el batracio del tiempo, mi especialidad es paginitas de poeta longíneo, de más prudencia que Braulio de Gondomar y menos fealdad que Picio. (Braulio daba premios; Picio, qué sé yo... ¿quién era de verdad Picio?) Tomaba timbusca el autor de este trabajoso verbo vacuo y yo a meter rellenos y ámpulas anilladas. Carta al padre del correo, los amigos de Taxis que llevaban recados del rey a toda España y por lo cual el taxi se llama así, según me lo cuentan ingenios de muchas bragas. Más trepador que sarigueya el joven de tunicela arramblaba con términos estación terminal; de él, oí que Luis Alberto Sánchez cometía con frecuencia errores de fecha, tantos que a veces daba en 1890 sus natales, y lo cierto es que nació hacia 1809, un punto a cegar ya, indefinito saltamontes que nos asegura un tiempo heroico para la crítica y otro para hablar mal de los críticos. Yo me estuve muy quieto mirando a caballeros del reino de la ecuanimidad perder la suya en menos de tormentas agostinas; nadie puede pensar que el ciclón se anticipe pero suele suceder. Octubre da más providente aire, ramalazo y sobrepelliz de aguas airadas; la tinaja del patio tiende a sufrir desplazamientos atmosféricos y piensa uno que nadie tiene mejor barómetro que sus pies, que llaman otros pataelancha. El baile de los críticos me encorajina y saco boletos para verlos desde palcos retapiados.

Todo esto me lo contó un aficionado a la contarela en Salamanca, en época feliz en que yo viajaba para asistir a congresos, y allí fue donde también descubrí el origen de la charrería... mexicana. De allí salió el sombrerote, el pantalón lleno de plata y bien estrecho de piernas, lo que excitó polémicas con una gente de mi distinción que luego encontré en China... y dale que no, que la charrería fue mexicana en origen y yo un tonto que creía gazapos de gaznápiros. Alguna soldadura me parece que hubo por ahí, pero el amigo mexicano se empeñó en expresar su pensamiento de otro modo y tirando a cordel. El llamado Zunsunegui, que ejercía de novelista, me tiró un ancla perpicaz: el taxímetro tiene también sangre azul. Qué delicioso metrificante, qué paciente terreno para hundir pies en polvo y fango. Vago tiritar para la armada invencible de mi tolerancia.

Que la dacriolina, sustancia orgánica de las lágrimas, hinche el lacrimeo para siempre. Un poeta que ha pasado su vida entre suspiros y agobios algo le pesaran al morir de una vez. De una buena vez ... padece hasta el final y lento final de las hormigas cabezonas.

Esta vida lacerada por mal y viento contrario, este poeta regido por abandonos y ponzoñosos ángeles de capciosa bondad, que le daban a comer liebre cuando él prefería gato, los venenosos amigos de la calzada de la plebe, siempre reunirse después con los de la senda sembrara en su vida la idea de pontificar, hasta en cosas de disimulo evidente. Que la...

Carta del aconchado

Ese augustanismo de los señores de la crítica quedó atrás; nadie se interesa por opiniones más o menos eruditas y el lector asume la responsabilidad de su lectura: los buenos escribanos piensan de otro modo pero ya el escriba está liberado y a bregar en todos los caminos. El sendero de las letras se redujo tanto al comienzo de este siglo que en la cercanía del prójimo vacila al encontrar de no ser otro que el sendero de una culebra en el bosque.
 Luz interior trajo a esto, y es bueno que sucediera en medio de tanta falsía; comenzó del imperio que podía parecer un safari de ratas. Con un poco de egoísmo se arregla todo (he oído decir). Pero repugna a la conciencia el sentir bienestar en nuestra alma en medio de tantas que sufren. Todos a sufrir sin carácter vergonzante: ni tenemos patria ni razón ni destino. Somos los parias del desequilibrio moral y pensamos que ni siquiera la muerte marcha con nosotros aunque nos vigila. Llamamos la muerte por su nombre pero no responde; todos los males del mundo están dentro de nosotros, de una manera u otra. El ojo de pícaro nos mira y se ríe y nos anuncia que nada se podrá lograr por mucho que forcejemos. En el éxodo nada de productivo hago; me entretengo en dejar líneas perdidas sin ninguna consistencia. Ni deseo hacer otra cosa que pasar la mano por los recuerdos pero no acometo la empresa de unas memorias. ¿Memorias de qué? Cuento cosas, anécdotas, pero no tengo ganas de andar buscando fechas, días, nombres desvanecidos, y la circunstancia para enlazar la razón con la fantasía da razón a callarme. Despejo a veces el camino; dura poco el entusiasmo creador; son años pasados y al trote del infortunio

siempre. ¿Mejoro el estilo? Ya ni me ocupo de ello. ¿Plausibilidad, coqueteos con los modos imperantes? Estoy de vuelta. Yo troté sobre los de mi tiempo sin saberlo a fondo y luego me he reído mucho de las teorías que se me imputan. ¿Al sabor de su genio?, no. No comprendo cómo hay tanto escritor complaciente o estirado sin saberlo cuando podría quitarse la camisa y decir sus verdades. Los poetas callan o se apagan en vista de las circunstancias; hay una floración de promesas; no cuenta para nada el dar cumplimiento al proceso. Voy a decirme como no sé quién ante la muerte: si no afilas el hacha te tumbo yo a ti. Bagatelas, entrepaños alzados, etc, y el regusto de lo no nacido. Todo el que se deja poner en su obra **obra eterna** (la colección que se prepara) es un simple. Nadie va a creer que un libro dure más allá del total de coeficientes que el aire valorice en su marcha hacia el vórtice de un estilo, de un tono, soflama o finura para embaucar sesos fríos. O menos que menos tal vez. Me ha sorprendido siempre el juego defensivo de la epopeya ante el magistral silencio de los sucesos. Los silencios valen más y a veces yo me siento sitiado por la melancolía sin pensar que de donde quiera que mi pie camine camina conmigo mi pasión de cubanía integral. De nuevo la luz exterior me puso alerta.

Carta al horror del error

Despejo mi mente para hacerte dos letras a ti, fabricante de estiércol desilusionante puesto que el tiempo pasa y pesa y nosotros y todos ustedes y los de más allá miran y no saben a qué atenerse. Jamás anduve en politiquerías pero la Patria me duele a veces; no siempre porque yo nací echando sangre por la boca de los prejuicios que dominaban la situación el año de 1902. (Me dijeron una vez que era por ello americano; me dijeron que reclamase no sé qué por lo de la intervención, no quise) pero lo cierto es que tampoco me luce bien la carpa que me ponen de entrante, válgame Dios. No siempre ando a contrapelo pero sí me gusta saber a qué atenerme. No puedo vivir en paz en parte alguna (excepto en sitios que no me gustan y en tal caso los nuevos instrumentos no me conciernen). ¡Qué monótono es todo! Cierto que nadie me envió una carta invitándome a vivir en este país (la famosa frase mexicana **muéstrame la carta**, resuelve bien el trance de salir por piernas al primer refetreque) pero lo subyacente me aprisiona y no me deja llegar a la tienda donde puse por primera vez ojos en acecho. Y eso que la guerra de las banderas ya no existe ni vale un comino eso de ponerse una banderola junto al pecho o cabe los sobacos sudorosos. Otras insignias son menos cobardes: la prosaica de ir a comer a la misma hora a la misma mesa la misma comida. Por ahí se amistan los pueblos prácticos, y se saludan frente a un salame de la misma marca. (Si te dije fabricante de estiércol ya está explicado; perdona y aguanta.) Aquí se pasa uno la vida inyectando miseria al cuerpo; y ahora que me entero de la muerte del actor David Niven en Suiza me digo: ¿y dónde se dijo que trabajó en Cuba? No lo creo: un inglés suele siempre en su país de destino ser... espía, y este honorable trabajo si lo hace un escritor ¿por qué también no podría hacerlo un actor? Qué alegría sabernos observados por un humorista en la tierra de los guasones, que es otro rango. No tengo cosa de mayor entidad que ésta para tu agenda si no agrego que ando tras una serpiente de cristal a la cual llaman sepedón, reznillo, eslizón, pero que nadie ha visto jamás sino en los tratados del Príncipe Obscuro, que bien haya. Hiscofanías, deslumbrantes infartarios, lo que se atrapa y se pierde enseguida, ¿qué lar me toca bajo el refrigerio de la noche? La luz invisible que tanto he buscado por salir de los soles muertos que me duermen la conciencia.

Y ya llegamos a despedirnos de los libros, de todos los libros destinados al placer recoleto de pasar páginas (y anotarlas) sin miedo a la devolución de las bibliotecas públicas. Me despedí de ellos una noche en mi casa de Reina 108, temblando, acariciándoles, sabiendo que jamás tendría de nuevo aquellas primicias de mis constantes rebuscas. Para siempre, para siempre jamás fueron 50 años de viajes, de economías válidas, de tormentos y rebuscas infinitas. Y no cuento... que como no cuento que los libros también mueren, la tumba de los míos está en un valle al que llamaríamos de Nosequé. Porque la erudición, la ratonería y el silencio hacen lo suyo y ¿para qué enterarnos de tales plagas? Con mi austero baño de vapor de la calle de Gervasio me conformaría ahora; en ese sitio estuve bajando libras de peso por años y ahora me veo hecho un fantasma pero sólido y berrendo. Leía en la tina, a la hora de secarme y si no es por ellos jamás me hubiese entrado este catarro de verano que dura estaciones tras estaciones.

¡Horribundo! -como dicen por ahí- y paso a otra estafeta que ésta se está agotando por falta de materia prima.

Soy el donatario de toda esta porquería y aquí se las dejo para lo que gusten hacer con ella. Yo, francamente, se la tiraría a la cabeza a ese cebollón que es Fidel, puerco de siete ramas de grasa y otras siete de excremento; figurete del período porquino inferior, monstruo de siete mantas de infamia en todas sus glándulas, sin gónadas, sin nada que no fuere destilado por el canal de la zulla. Mosca de muladar, perro de estercolero, rabisquiento mosquito de todas las fiebres, las que inoculan por ahí o por otros conductos que los músculos jovenes, los molúsculos fláccidos (para ser bien culto) y venga la procela de su talento de taradito por tradición, otra vez, y siempre, pero no sabe definir a Fidel. Para ello se necesita más, mucha más metralla verbal y arrestos dórico-jónicos, por favor, menos lentitud de proteger los senos frontales y disponerse a chamuscárselo de una vez, y si se queman que se quemen o no se meta usted en lo que no le incumbe. Porque su día pudiera tener 80 horas y un tranvía llamado deseo y lo de más allá y lo de más acá, perro pescuezudo y hambriento, mala hiena de tabernáculo de la infamia, frase que significa que ningún jefe será repuesto por la plebe que ha manejado ardientemente en tanto tiempo; la trampa tendida todo a punto, y de pronto se cae el altarito en medio de vedijas ventorales. En paz, en paz, conciencia torturada... tu sueño te libera y anda y tómate el café de las cinco de la mañana, la hora del conspirador y del desfallecido. Cualquier espejo etrusco de bronce o de fango redimirá mi angustia, del rompimiento de una gran tarta sobre la cabeza del novio y yo soy ese novio que se va a desposar con la muerte ahora mismo; me porto como quien soy, me liquido, me vuelvo el glicérido de mi atrofia muscular, en mi eter tutelar, glauco en punta hacia el glaucoma, y que Dios reviente de pronto todos los desprendimientos estelares en nombre de la paz de los dados secundarios. Los primeros están cargados y bien puestos al final de la agenda secreta. Monstruos embrionarios a sus pies; monstruos y pechugonas señoras que les inspiran. Fidel fue puesto en escena por el infernal demiurgo que una deidad del capricho maneja en bultos de viento. Fidel, él, el pagano sin conciencia, pero con más astucia que nadie para pasar cuentas, sin disimulo, sin espátula amistosa; a pagar o a morir. Y se nutre de un modo u otro y sin temores malévolos engorda por lo que no habrá quitolis en el mañana.

    Una vez oí que Guillermo Valencia, para demostrar su gran acercamiento a Federico Nietzsche, dijo que fue su criado de mano en Paris; en Popayán todos lo creen pero no es verdad ni por asomo. Esas historielas confunden. ¿No habrán dicho muchos que sirvieron de porquerizos en el enjuague cubano? Ni en La Habana lo creen, pero se dan el gusto de asegurarlo ellos, los muy imbéciles machones del vino del camino: agua del sin saber que no había perdones en el mañana. Aguardiente cotidiana. Prometo (fue Nietzsche quien dijo que el hombre es el único animal capaz de prometer) prometo, digo... y ya veo que divago, que no proseguiré con estas lamentaciones y estos reproches en contra del pobre anuncio que está en la pared y me acapara la relativa corriente de aire que entra por ese agujero. También podría lanzarme a la calle, pero a mis años me asusta la calle como a mis otros años me enloquecía. Toda formulación de propósitos es siempre alterna, va... y qué haré yo en la calle con 30 mil fumadores que me pasarán por mi lado en cosa de una tarde de jardín o de bolera o de... iba a poner bares pero eso era antes cuando yo fumaba también mucho. De pronto me gustaría irme a Barcelona a pasearme por las Ramblas, a mirar reproducciones de gran pintura fresco a la tiza, pipirigallos luctuantes en el suelo de los paseos..., me gustaría cantar un poco dentro de ese ámbito medio teatral, medio filosófico..., y que me vengan después con ansias contrahechas. No dejaré pasar la ocasión, y resuelvo dejar esta ciudad llena de criminales, asaltadores, carteristas y gente que expanden ácido carbónico y otros ácidos por todas partes. Me pongo en el trono de la alegría a ver si puedo...

Y no me trates con presiones ni con opciones a un bienestar que nadie cumplirá jamás... Baja de cuadrito, pensador sin oficio, envidioso débil (que ya es lo último puesto que si desea envidiar ábrale los frenos a tu tren de la desesperación y pide gollerías como el banco más grande del mundo o la mejor residencia de la playa, pero...) Y te has dejado unas barbas a lo general de la guerra de independencia...

No sufro más, tiraré tu estampa al vertedero. Tiraré mis reflejos condicionados al vertedero... que todo es agua de borraja y yo estoy más loco que una cabra. Meto el dedo sobre un timbre que no suena como que no es un timbre, sino una cáscara de nuez que ahora en Navidad me ha traído nada como presente excepcional. Nuez, cáscara con forma de cráneo afilado, vertientes, caídas en vales de melancólico despertar, riñas y niñas y piñas... Que me aburro mucho, que no puedo quedarme aquí, que no puedo salir, que no puedo tirarte por el escotillón y mi pobre viejo sillón de escribir está lleno de manías, como quien dice, y bien dice, y dice bien.

Adiós, majadero. Después de todo a ver alfileres hechos con colmillos de elefantes o pompas de jabón fabricadas con restos de húmedas cartografías. El horror del error es que se repite. Sal de tu hornacina, después de todo te llamas Jairo, como se llaman casi todos los colombianos que conozco y algún que otro panameño.

Instado por su hermano, yo sé quién se impuso acerca de la descendencia de Nitzsche de unos condes polacos. **Nietzki**, se decía entonces, había sido su abuelo, y era noble y era altanero. ¿Cómo arreglarse con la sencillez del pensador alemán? Enteco asunto, narigudos pretextos, sofrosine... El poeta Valencia parece que se encastilló en que por su paso en Alemania estuvo en la servidumbre del filósofo por conocerle mejor, agregando que estaba poseído por cierta mitomanía campestre donde todo espacio cierra contra el espacio.

Carta de apelación

Oh, navajas del tiempo, vericuetos que se entrecruzan y se vuelven hojuelas que te impiden avanzar. Estoy evocando temporalidad incierta, lo menos tangible, lo más plausible puesto que podemos integrar cualquier esquina del pueblito en que pasamos infancia hasta cierto punto puesto que somos infantiles todavía en tanto esperamos y esperamos, vida y más muerte cotidiana que lo posiblemente sostenible. No y no y nunca jamás no; nada que ver, nada que ocultar, se acabaron los límites, las dimensiones del atleta, los vocablos del patricio iluminado con lo que nos duele las puntitas de los dedos en correspondencia con la simpática artrosis que nos come sin darnos tiempo para reponernos. (La severa señorita Severita, enfermera de mucha prudencia, me dice al oído alguna palabrita para recordarme que también tuve 20 años, oh, sí señor, lo que es una bicoca, y ya.) En medio de un tedio sin convulsiones pero absolutamente indescriptible, pienso en lo que tengo que esperar para ir al infierno de una buena vez. Porque no hay modo de elaborar en papel de china un drama para complacer a las personas de su amistad, las cuales estarían muy contentas con que nos quitásemos el sitio que ocupamos, que es el de ellas, naturalmente, y nosósotros, no tan bien cumplidos como bien osados, nos pusimos el mundo por montera y se formó el acabose. De las cosas que me río ellos estarían muy ufanos; no yo. Malestar, bienestar, mediano pasar y todo lo demás dice poco a cierta rama de mi conciencia crítica. De rama en rama camino y todo lo he sido menos el fingidor de exaltaciones y renuncias gangrenosas. Aspiré a ser autor dramático al principio y según envejecía a galán. Pude aproximarme al proscenio para ver de cerca la caída de un dictador; espero la del otro sin impaciencia. Quedan 15 años para que se acabe el siglo y yo que nací en 1902, sugún cuenta exacta pero lo inexacto me dice que tal vez nací un tantico menos. Todo esto es claro si se piensa que yo pienso que soy el renacido y ahora es el momento de hacer justicia. Había oído hablar de las placas tectónicas y creí ver en ello cierta alusión a ciertos encantos femeninos que atolondran mi serenidad. ¿Desde niño? No tanto, pero sí en la coyuntura del acierto. No apelo a nada pues... con un viejecito así encorvado.

Harto de mí, siempre adelante, recuerdo cosas futiles, naderías de tres al cuarto, cosas que no se vinculan sino por ataduras de telarañas, lo más trivial del mundo hasta que dimos de manos a boca con él, con el más sorprendente ser de su tamaño...:

Yo soy la tiza que anota, que aclara la rebusca; tú, mi memoria, el pizarrón que se sostiene contra viento y marea. Ya apenas leo; ni tengo vista ni humor para enfrascarme con tanto títere sin cabeza que anda profanando las letras del tiempo. Si cada tiempo tiene su estilo éste es el de la bosta y su autor, *Machuca Sucaca*, bien conocido de Norte a Sur, y en las estepas del silencio y el arrojo del estrépito. Para que ese pizarrón no falle lo he llevado bajo palio por todas partes: días encerrados hurgando por aquí y por allá este detalle, aquel guisorio, tal cual guilloquis que me hacía falta para encuadrar la imagen. ¿Tablado de marioneta? Cierto. Qué somos todos excepto el que dirige que no se halle en estado letal, amurallado de estropajos o de cordeles o de misantropías cascabélicas. He escrito de cuantas cosas tuve a mano en un momento dado; ahora dejo paso a tu confianza y tu entendimiento, y tu misericordia o tu benevolencia nada más.

Cuando dejé de ser un transterrado para pasar a ser un transnebulizado parecí siempre cualquier cosa menos un chimbangalo con el pelo de la dehesa al pecho. Ni venía de venduta ni de carnicería ni de bodeguita en busca de plata; traía mi oro recogido. Nada vergonzoso ni vergonzante, para complacer a todos, no a la derecha ni a la izquierda, y tapaboca y taparrabo en condiciones alicuotas. El ermitaño en provincia no me haría quedar mal; fui un ermitaño en Miami, en New York, en Atlanta, en Washington, y daba tumbos entre paredes, porque lanzarme al mundo, lo que es lanzarme, cero. Nada de ello ni toda ella y los... además. El chingolo me asusta; y viva el chingolo. ¿Y saben por qué? Porque no tengo miedo sino a uno solo, a don Fradique, que me lanza quiebros y encontronazos al fondo del alma que tiembla el misterio. Este es otro misterio; es el organograma de la insipidez. Guilloquis, guisorios. Pero también protección por si la moscas, y los moscones, y los tiburones de agua dulce. El que nos mata puede habernos antecedido; puede que haya caído mucho antes de conocer el camino de la muerte.

Un ¡hurra! para esos chinitos que tienen a G. L. por el gran escritor hispánico, mucho, mucho mayor que Cervantes. Acaban de poner flores en su tumba en Madrid el 18 de agosto, día de su fusilamiento, y lo adscribieron en su partido comunista de allí. Eso es propaganda inteligente, no la que hacen en Cuba al cabo de 22 años murruñosos que no levante una espada de piña o una hiel de canistel.

Pero yo no mando por prólogos a nadie, ni he enseñado capillas a la hora de imprimir. Asunto mío no de la parva voluntad de los otros. Padecí la locura de los diccionarios pero el lenguaje totalitario me fue tan repugnante. Confieso que miré siempre con indiferencia la idea política; no me gustaba ese azacaneo con Ronsolo o Ronconagua, magistrados de un tribunal supremo que es el fin de la querella epistolar entre politiquillos de tres al cuarto. ¿De dónde son los cantantes? La conclusión es nefasta: desprecio la fuente termal que despide rayos turbios, flecos de ideas estropeadas, ya que había abandonado el deseo o la esperanza de no ocuparme más en componer muñecos triviales que el tiempo devora. A leer de vez en cuando sobrias letras y muy en frío decir adiós para siempre o hasta la otra vida, que según decir de Andrés Eloy Blanco ¿qué patria tenemos a la cual el hijo bueno se le muere afuera y el hijo malo se le eterniza adentro?

Todos hemos sido expulsados del paraíso que es la niñez, pero queremos volver por lo menos a los frontales alevos de él, volados de escarchas, torrentera de agudezas, contulias de eruditos rusticanos, lo que sea... pero que sea pronto (Ronselo Camacho me observa desde la esquina opuesta y promete hacerme el cuento, por décima vez, de los babelos y las señorotas que se hallan en el Paraíso. ¿Para qué, Ronsolo...?)

Carta más sola, más perdida

Vienes de la bruma, Alicia, entre esculturas que vi en tu taller de París, aquel garage cercano a un cementerio donde te llevó la necesidad, y vienes de la necesidad opulenta de tus tapicerías y de tus joyas traslúcidas, arrollada tu máquina por un tren desalado que iba en busca de un cruce de destinos. De pronto veo a tu galán también arrollado en La Habana por una nube de ignorantes que se reían de su aire de poeta, aquel que tuvo cuando fue asaltado y lo echaron a tierra desnudo los valientes que se pusieron sus arreos de miliciano para escapar de la muerte. Toda exposición tabular de los pasos más o menos certeros, más o menos erráticos, conducen a la exploración de lo inesperado: yo tuve todos estos días previos a tu desaparición un dolor de muelas en el alma, tenebrante y perfectamente lógico en experiencias conciliatorias. Alicia Penalba, ya Peñalba, cercana a los setenta, nacida en San Pedro, Argentina, trasladada a París desde el año veintinueve o treinta, y enajenada por los gobelinos, los desastres de sus amigos, el intenso derrumbe del alma colectiva sobre sus monumentales trabajos de artificio miniaturista.

Vienes de los hielos y de los espesos tules, vienes a verme esta noche desesperada en que tomas el camino retomado por todas tus imágenes vacilantes; vienes a mirar por los balcones de la dicha incierta y las oropéndolas enfermas de conceptos equívocos. Sufres, te levantas, mortificas el ánimo de tu vecino de silencio y si se tercia, lloras un poco como lloraste por las situaciones de tratamiento y disimulo de un mundo que te era hostil hasta que lo domeñaste. Alicia Peñalba, la mujer que se hizo una vajilla con los robos cafeteriles de su galán, aquel rubio atravesado que decía imprudencias y maleficios al son de su genio poético, malbaratado por servir a una revolución leprosa y llena de falsas palancas, ahora que nos anuncian que la verdadera dará comienzo el 15 de junio de 1985 con el estallido de alguna ojiva nuclear en algún lugar de Europa. ¿Valía la pena pararse a discutir con todos los imbéciles que te rodeaban en la Casa de las Américas aquella mañana de turbio horizonte? Te metiste en un taxi y agonizaste entre ruedas y gritos de gente que se divertía con la caída de unos esbirros o con los pasacalles de algunos toreros de la hora, gallegadas relinchadoras.

    Esta carta la podría mandar igualmente a la cieguita de la calle ocho, la cual la haría leer por una sordomunda que la saluda con gran afecto todas las mañanas, cuando voy en busca del diario y ellas de sus **mantengos**. (No podría dejar de lado ese término tan bonito que los portorros han diseminado por aquí. Tampoco creo que **calambuco** sea término sólo de cubanos y esto lo cuento porque alguien pregunta de dónde sale, ya que el Diccionario de la Academia no lo trae.) Siempre atrás. ¿Qué importa?, puesto que lo tienen todos los otros que se consultan en un santiamén. La pesebrera de la calle Felipe IV esta llena de buenos textos lexicográficos, pero nadie los lee, y ello esta bien desde un punto de vista.

    Me desvío, como siempre, querida Alicia: no tuve de ti más que dos o tres atenciones de tu mirada. Querías decirme: mira este muchacho y piensa un poco en él a ver si se compone. La advertencia se refería al fenómeno cotidiano de su vivir, el cómo y el cuándo de su existencia en batalla campal contra los hechos... y el muchacho era como yo, tan perdido como encontrado. Sin bailar, sin haber sido lo prudente, sin otro vicio que la lectura y la escritura, me iba produciendo en fenómenos complicados: tuve la simpleza de contarle algunas vueltas de la línea maestra de mi vida y se asustó. Otro cognac y seguimos hablando. ¿No recuerdas?

    Politicismo, las magnitudes irónicas, tu muerte, tu reencuentro, tu caída, tu elevación, en una carta distinta, la única viajera que te lleva mi presencia ante su presencia, el universo hacia el verso de tu tragedia cotidiana, tu buril ocioso, infatigable, lo espeso y lo liviano rompiendo redes, la historia de la magia y los magos fallidos, por el tiento y por la recurrencia vital. Alicia, amiga entre nébulas, leo en el sótano de mi vida los manuscritos que dejaste en el aire, entre errabundos de color tan purpúreo que todos me parecen vestidos de arlequines siniestros, conjeturados amantes, los pordioseros del amor vencido entre deslices cruentos. Lo incierto me atosiga y sólo me devuelve a la paz del alma el sobresalto de la conciencia. ¿Estarás viva todavía para entender este subterfugio del caído? Porque no se muere por dejar de soñar; se muere por servir intenciones de prósperas atenciones. Porque se va, al parecer, a un prado celeste y no se sabe cuán difícil es dar pasos entre algodones con olor a clínica. Una vez oí decir a un tipo.

A ver si me alcanza el cuero para hacerte otra cartita en el sentido de tu dirección, que es la Gloria. Por supuesto, ese sector inconsciente que se detecta mucho antes de llegar a su recinto, un poco bobo según los perversos, pero no tanto según los prudentes.

Ya no habrá tiempo; ya me voy también a servirme un plato fúnebre de alcachofas, que tanto aborrecí en vida, y de pronto tendré en mi mano el volante equipolente que me salvará para siempre. O cosa así. O no, qué sé yo. Porque lo triste es irse a tientas, como vinimos, y oro por el oro perdido pero más por la plata que nunca pude tirar como me hubiera gustado a plenitud de vida.

Alicia, alístame en tu nueva tribu celeste y que Dios te bendiga. Tus lágrimas te rediman y te guarden de empolladuras y de embustes malsanos. Símbolos de hojalata todo rueda al suelo, pero tus símbolos son de fierro. Dantescos dolores, la voz sin voz, eres la sombra benéfica siempre. Quizá un lampo de ella caiga sobre alguna cabeza todavía atormentada. Como todo lo que se ve en la claridad de un incendio desde donde quiera que se mire.

Nunca he escrito nada más sordo ni más perdido. Ojalá encuentre destino, destinatario feliz.

A las sandalias celestes

¿Desde cuando yo pienso en esas cosas vagabundas que vienen a ser un viejo violín de un músico muerto en la flor de la vida, los lentes de un amigo que vi en su catafalco como para que no le faltase nada en el camino y las sandalias que me prestó un desconocido, en cierta playa de muy dura arena, el amigo? No lo sé, pero estos recuerdos vienen y de pronto comparecen como movidos por cierto ensalmo que no comprendo, bailan un rigodón al aire y me dicen cualquier cuchufleta que me emociona. Por ese camino veo al propio Alejandro confesándome que él era tartamudo, mucho más de lo que hubiese gustado serlo. Que ello le servía para marcar en su vida algo curioso. "¿Tú sabes? Cuando en medio de los tragos veo que ya no tropiezo con las palabras, me digo: pero si lo que estoy es listo. Y paro, paro... porque no conviene a mis intereses de persona decente pasar de la medida.

Muy bien. Sólo que de pronto meto todos estos recuerdos en un estuche de pórfiro y si la fidelidad a los hechos no me traiciona, los encubro hasta otra noche de misterio o algazara. ¿No venía mi niñez desde un balneario por playas de Caibarién dando vueltas y de pronto se animaba para que entendiese lo volitivo de las cosas, ahora que ando en el exilio royendo pan amargo y sin ostras que es el pan del ostracismo. ¿Acaso yo me retiraba a llorar misericordia o a beber lágrimas delicadas como vino en ese mismo Caibarién portugués? Apogeo y decadencia de la verdad, de lo inverosímil, de aquellas transfiguraciones de silencio rotundo que de pronto me animaban a empresas mayores o solía tener en cuenta para graduarme de caballero de la noche, como cualquier otro insensato si entendemos las cosas derechamente. Va la literatura de hoy día como tres cristos borrachos, sin parar mientes en ofensa o vituperio de la sagrada persona que adoramos. Va el arte al fondo del abismo, todo podrido y alguna mañana encontré las dichosas sandalias como muñecas alucinadas por la luz del día. Ellas querían mostrarme que no todo es sacrificio estéril; ellas que saben enseñar que debe salirse a la calle por el lado derecho de la cama y que si están allá en lo alto de mi memoria es para recordar que bien y mal son elementos propios para la constitución humana. Elegir, elegir, y no ponernos en jarras ante los caprichos del destino. De modo que me estoy haciendo un castillo entre piedra y guijarro sin querer, medio jardín secreto por aquí, medio vericueto por allá; todo a bien que sea visto el encuentro de ranura y su encaje.

Conocí a don Armando, Paz y Guerra, en mis tiempos de muchacho atrevido, que habla con hombres hechos y derechos para levantar la puerta secreta de las cosas. El primero se hacía largas tiradas a pie desde el pueblo hasta el ingenio en que rendía jornadas duras; el segundo fue hombre de sillón y dominó; uno y otro pelearon... No quiero comentarios de barbería pero ¿cuál de los dos Armando...? Miré para *El Habanero* del Padre Valera, ¡qué vejez, qué juventud! Miré para las *Cartas a Elpidio, qué austeridad, qué* amor tan reverente hacia la Patria. Armando Guerra, Armando Paz, vosotros vivís desde hace muchos siglos, no importa cómo porque nada esté perdido pero nada está logrado tampoco. ¿Los medios de alcanzar un buen éxito? En el limbo: las carretas molían terrones de impaciencia; yo las oí rugir, violar el método de silencio; tomaban un alma crudelísima. Las oía murmurar: ¿y dónde está, joven, ese Lafcadio Hearne, enamorado del Japón hasta la locura; ese Cronin enamorado de Gales hasta el disparate? El escritor cubano que debe ser como ellos ¿y nada más? ¿No pensarán alguna vez allá donde moren los grandes que nos faltan algunos enamorados de nuestra tierra de origen? Una plaga nos abate: es la plaga de acomodarnos a lo ajeno olvidando lo propio. Tipiaba todo esto y me mordía la lengua. Superior a mis fuerzas caer en el pragmatismo del mundo, puerilidad y conjetura. Dejo de lado todo remordimiento pues no tiene remedio y yo no quiero pertenecer a ninguna sociedad que me acepte como socio. Toda membresía me viene holgada. Vivo entre cuatro paredes y dormito. La patria me reserva una silla, yo debo conquistar el sillón. Pareja insólita es la pareja ideal. Ahora memoro como al salir de Cuba nos dijo el amigo que vino al final a nuestra casa: hace viente años veíamos venir esto; quiero que nada venga a defendernos si no tenemos sandalias de hierro. Que mi hogar fabrique el camino del cementerio; otra diáspora más no la aguanta nadie. Las sandalias quedaron tiradas no sé dónde; ya ni plagas había, ni gente con ánimo de solazarse en silencio. Tarot y cartas antiguas: esto en las lindes del misterio y entro en realidades. Ozza, dios árabe adorado antes de la época de Mahoma también tuvo sandalias polvorientas para ayudar a amigos! Mi Dios las tiene de oro y me sirve en silencio, sin alardes ni figura acrobática. No importa que un pobre curita se desvele porque en su pobre cartuja italiana le robaron el yo que es ingenuidad elevada a mito. Irá al cielo por su ingenuidad en sandalias de fastuoso brillante. ¡Qué importa!

De pronto comprendí que aquellas sandalias venían por mí, el diabólico asteroide que me hizo nacer y que no era ni más ni menos que pobre ser con dolor de oídos: un desdichado que nunca acertó a mirar de frente el detonante que lo consumía. La determinación de mi vida estuvo a merced de contrarios; mis devaneos, mis torpezas pero de un año para otro comenzó a sentirse en mi interior una fuerza birátil, un misterioso halago que alguien, muy poderoso y muy oculto, infiltraba en mi alma y me fortalecía para sufrir en silencio los contratiempos del mundo. No hice mucho caso al principio; luego vi la sandalia del Poderoso pisando aladamente a mi lado y con fuerza cuando tomaba la delantera. ¿Dónde está hoy? En mi sangre, en mi alma de rey leproso pero no destituido de amor a la humanidad. ¿Ecos? Claro, pero no calcos. Ni cálculos en las peores acciones de mi vida. Si nada ni nadie me redime las sandalias seguirán buscándome, noche tras noche, puesto que ya la luz del día no vibra para mí. Qué carta más difícil me he jugado; la última carta de la baraja de mi vida y del eco de otra vida.

Y en paz y amor, caballero del silencio; no más majaderías por estelares que se supongan sino el agrado de decir adiós hasta siempre. Cómo se puede entre tinieblas, entre resplandores invisibles, polvo estelar, estrella de negrura absoluta.

Cartas descartadas

Son las mejores y sin embargo las dejamos de lado. Un grupo de ellas quedan colgando por los ámbitos oscuros de la memoria. Como aquella clásica de un niño en el colegio a su padre: Papá: mándame cinco pesos para bombardear a bombonazos a las chiquitas de mi clase. Recuerdo a mamá y a las hermanitas. Te quiere, etc. Y otras de negocios, tan breves como elocuentes, pero ya esas no son cartas sino carteleras insípidas. En general yo he dedicado estos papeles atribulados a todos cuantos quieren saber cómo soy. Soy así, vacío, lento, expansivo, perfilante del misterio, augurador de dichas, ineficaz. Nos ponemos a oírnos y a la maquinilla, sin pensarlo más. Te dedico este papel, esta papela, la más oscura paciencia estalló pronto y de pronto, zas, a ti con flores hasta el contrafuerte de tu castillo interior. Me dicen excéntrico, majadero, humorista, ácido; no me dicen jamás lo que soy de verdad y para que se sepa aquí les dejo este caparazón misterioso y el tuétano en otra parte. Me quiero acordar de aquél, de aquello, o del más allá y de pronto entran otros y otras cosas pidiendo plaza desde su indefensión o su tristeza. La desdicha enclaustra el ánimo y este busca amparo en el mosaico de lo devoto porque todo anda mangas por hombros en estos tiempos. La cadena no tiene fin y parece cómico todo lo que es tan dramático entre lo sobreviviente eventual. (Yo nunca he hablado de los que han muerto en mis brazos y prohíbo esa emoción póstuma de amiguetes que siempre me están mandando a cuidarme. Nadie ha muerto enteramente para mí; espero que respeten esta disposición los pintorescos enterradores faltos de astucia. La cenefa decae; se ve el brusco arabesco muy desvanecido.

Muñones tibios; rompo todo este carácter arcaico del momento y suspiro.

La flaqueza de ánimo me lleva a confesarme inocente, yo, que he sido culpable tantas veces y sin remisión.)

Soterradas por el aire marinero se queda alguna que otra; y digo marinero no porque los océanos nos la pongan lejos sino porque están desvaídas ya, de vejez infame, de materia revuelta, de insinceridades de cofradía letrada: esas que me llamaron algunas veces grande amigo y el que me llamaba era un bribón, innoble, payaso cotidiano. Paz... Sábado 13, mi día indecible: me niego a reproducir mi ira ni siquiera con palabras.

Otras cartas descartadas son aquellas que frente al silencio y la mudez de lo escrito nadie supo entender; ni siquiera por abuso o reticencia de límites. ¿Qué limita al mundo, qué a nosotros? Vaya por Dios, nada. Todo es abismo y misterio después que todo ha sido a su tiempo retórica y vórtice de pleonasmos.

Silencio.

Postdata

Con indeterminación constante la vida del poeta Francisco Riverón se puso siempre a maltraer con los medios represivos de la falsa revolución cubana. Un pobre poeta lleno de lirismo, lleno de amistad, lleno de paciencia y tolerancia pasa a ser, a manos de unos profetas de lo maldito, un genio de acuidad. Dijo una vez: tiraré todos mis papeles a ver si me dejan quieto, en tanto juzgaba excesivo el culto al Indio Naborí y a otros de los comilotones del hijo de Stalin. Este hijo de Stalin, a quien no sé quién proteja y los babalaos santifiquen, miraba a todos con ojos retorcidos. No vio nunca en el negro más que una cuenta negociable y en el blanco esquilmado por él años y años, un enemigo. Esta estructura mental lo llevó al desagradecimiento hacia Pablo, hacia otros de su camarilla y lo puso a mal con todos, menos con el Jefe, al cual adulaba de manera rastrera. El pobre Riverón, que conocía su conducta con respecto al poeta Pedroso y el poeta Tallet, compañeros de ruta, su conciencia a un lado y mirando para sus zapatos como para espejos untuosos, dale al son de la camándula y allí me planto.

Con qué disimulo tenía que vivirse entonces y desde entonces si se sabe que a Marinello llamaban Juana de América, quelonio de las opacidades de Jicotea; a Feijoo, el Cucalambé histérico; medio francés, medio cucarachón detonante a Carpentier y a Cintio, Cyntia y a Eliseo el asturiano maloliente y a Lam el mal, por inversión de letras. Quedan por ahí otros que no hace al caso... ¿Y qué hacían estos majaderos con barbiquejos, infelices mamarrachos tiranizados por Augier y Pancho Mota? Pues jugarse la vida a cada minuto si no atendían a las prédicas de ese tirano dominado por el complejo de ser el primero a toda costa y en todas las costas. Atrás Palés Matos, Candelario Obeso, Alfonso Camín y algunos dominicanos que se atrevieron a tocar el género. Por último no gustaba de la frescura y la emoción del triste bardo güinero; era un desclasado.

Veo en el recuerdo su activo numen: el Diálogo en la casa de Martí. El oyó en Martí la redención de la Patria, la de antes, por supuesto; ahora ni siquiera tenemos voluntad de tenerla. Nada pastueño ni empapujante: la fiebre verde por la mañana calma y por la noche muerde. Fue motejado de alcohólico, destituido de aprecios en medio donde todos usaban el alcohol en dosis industriales. Y volvieron los intrigantes de siempre a preguntar por qué no trabaja para el partido, para la causa, por el honor nacional y ainda mais.

Riverón echó a andar por veredas de misterio, de ostracismo, sin buscar ayuda de nadie donde es imposible ser ayudado si uno no se entrega de pies y manos. Dicho de prisa pero no de modo falso: caía en manos del enemigo o tomaba la senda del exilio.

No todos pueden exilarse.

La Habana sopesaba la indignidad y el deshielo de los tontos por años y añales al extremo que un poeta de la categoría de Riverón no sólo pasaba por los del montón sino que hasta llegó a sufrir la esquivez urbana, el menosprecio de los empollados en edificios partidistas con caja de resonancia universal. Francisco Riverón, de oficio zapatero, radicalmente contra todo compadrazgo retórico y el anudarse a madres míticas con obscenos ojos asiáticos, madres que a poco que se les recuerde se les encuentra liadas a hijos impuros, todo el rendeo político de la época fatal de nuestra tierra, perdió para siempre su alegría de vivir y de cantar no bien escribió aquello de la muñeca para su hija, que en época de Reyes se la cambiaron por una metralleta checa. Los que agitaban el botafumeiro hasta sahumarse el santo prepucio del jefe hacían viajes y más viajes, encontraban viejas para el asunto dentro de la tribu casi universal de remendonas de virginidades que iban pasando el jarro a la hora del cuajo. Enseñar sus protuberancias con señales de mordiscos pareció siempre algo ceremonial.

Todos los homosexuales, como todos los heterosexuales, pueden escribir bien o mal porque no se trabaja una prosa o una poesía con el sexo. Pero vivir en calidad de productor por un extremo de su cuerpo o por un vaciado de sus espaldas no es la cuestión. No sé si Bretón o Cernuda o Roland Barthes, Proust o Copi o Whitman o Maugham o Foster o Genet, hicieron una carrera contando marranadas de todo tipo, y otro tanto diría de los que no andaban en calidad de profesionales de la varonía. Las estructuras confunden a los privados de esencias espirituales porque el mundo es así y sólo una pasión es la que se debe tener en cuenta: el buen diseño de su pensamiento sin otro aditamento, por supuesto. Convivios y consorcios de uno y otro lado carecen de interés. En vista de todo lo cual un hombre íntegro como Riverón estaba atrapado por las puntas de su verso fuera de juego, no interesaba a los que debía. Lleno de desazón, heroico en su miseria pasó al sepulcro sin el menor reconocimiento, perseguido hasta el final por el mismo guardia disfrazado de cientos de guardias, preguntándole siempre que por qué no trabaja para la revolución, para el estado, para la conciencia de su tiempo o para un magazín de vanguardia.

Bernardo Viera le dio a leer un tomo sobre los clásicos hispanos y él se entregó a esa lectura con gran pasión. Luego dijo a la pregunta de ¿cuál te gustó más? El que cantó al padre. Vio de cuerpo entero al sufrido Jorge Manrique, dando vueltas por la sierra del Segura, luchando en guerra ardua contra la morisma, desgraciado en su infancia, con madrastra y no madre, desgraciado en su matrimonio, años de cárcel. Las Coplas cantan a la muerte, es decir a la cosa única que esperó siempre con alegría; es decir, la voz de un renacentista con voz dulcísima.

> Recuerde el alma dormida,
> avive el seso y despierte
> contemplando
> cómo se pasa la vida,
> cómo se viene la muerte
> tan callando.

Tomar este camino.

Riverón vio enseguida el cauce de su alma, por esos tientos y por esos golpes del destino todo se viene abajo en un momento dado y a esperar bien en el más allá. No hay otro camino. Así fue, por cierto, su destino también, en lucha con golpes políticos, con premios visibles a la traición oportuna, con majestad para la basura de los líquenes y desprecio al valor verdadero pero no cotizable. Reconcentrado, viajero de porte adusto, así va por nuestro Parnaso el hijo de Güines, con la sierra debilita a su lado, cantando a Dios, a la Patria con trino inmortal.

El idealizó tener la bonita edición que siempre sus amigos de Güines soñaban con darle, pero el universo estratificado, las jerarquías de holones le asustaban mucho (el neologismo griego **holon**, todo, total, era verdaderamente encorajinante) al extremo que procedió a hacerse construir una caja oblonga para el día del Juicio, si fuese posible, con pelos de las barbas de sus contumaces perseguidores. Lo que no pudo hacerse ya que ni se bañaban ni se afeitaban jamás ellos los muy groserotes. Una totalidad de esta especie le hubiera puesto en seguro para la idea de resucitar tocando guitarras, pero no. Presencias incorpóreas sellaron su trágico entroncamiento con un hemistiquio perdido y allí fue el acabose.

Si al menos hubiera sellado su vida con una humorística de Manolito Altolaguirre como aquella de Tellagorri que tenía en el colofón de *País abandonado*, edición cuidada: a las 22 trocantinas.

Ni de nada le sirvió ser candidato a la alcaldía de Güines, pueblo ligero como un güin y de acechante cauda. Qué líos para el zapatero mayor de su calcáreo villorrio. Güines, ruines, volatines y violines. Sea la paz constante.

www.ingramcontent.com/pod-product-compliance
Lightning Source LLC
Chambersburg PA
CBHW031422290426
44110CB00011B/479